獻給

我們的恩師
柏祺博士
（Dr. Ray Bakke）

您對城市的熱愛，深深啟發著我們

永遠惦記您臨別時的祝福……
願榮耀歸與上帝，平安臨到地上！
願教會滿有勇氣，城市充滿盼望！

photo by 方日勝

Transforming Theology in Action

12 Praxis in City Lives

神學·轉化·行動
城市×生命的
12個實踐
陳敏斯
主編
伯特利神學院
Bethel Bible Seminary
柏祺城市轉化中心
Ray Bakke Centre
for Urban Transformation
基道出版社
End
終止

神學・轉化・行動

城市 X 生命的 12 個實踐

Transforming Theology in Action

12 Praxis in City Lives

主編

陳敏斯

執行編輯

吳國雄、羅慧琪、陳慧

裝幀設計

奇文雲海・設計顧問

■

聯合出版

伯特利神學院
柏祺城市轉化中心
九龍嘉林邊道 45 – 47 號
RAY BAKKE CENTRE FOR URBAN TRANSFORMATION,
BETHEL BIBLE SEMINARY
45–47 Grampian Road, Kowloon, Hong Kong
電話：(852) 2148-5577　傳真：(852) 2336-1852
網址：https://www.bethelhk-rbc.org

基道出版社
香港沙田火炭坳背灣街 26 號
富騰工業中心 10 樓 1011 室
LOGOS PUBLISHERS
Unit 1011, 10/F, Fo Tan Ind. Centre,
26 Au Pui Wan St., Shatin, Hong Kong
電話：(852) 2687-0331　傳真：(852) 2687-0281
網址：https://www.logos.com.hk

發行

基道出版社

承印

陽光（彩美）印刷有限公司

●

10/2022 初版

Cat. No. LP388

ISBN: 978-962-457-632-0

Printed in Hong Kong

封面圖片：Chan Wai、nuu_jeed/Shutterstock.com

刷次	10	9	8	7	6	5	4	3	2	1
年份	2031	2030	2029	2028	2027	2026	2025	2024	2023	2022

leungchopan/Shutterstock.com

目錄 contents

PART I Journey for Transformation 第一部　轉化的旅程

領導 Leadership

轉化 Transformation

OliOpi/Shutterstock.com

整合 Integration

前進 Progression

PART II City Lab: Experiential Learning 第二部　城市實驗室：經驗式學習

Maksim Chuvashov/Shutterstock.com

FROG KING
KWOK
Harmony
Love
Sense
prosperity
FROG KING
ART
HEAD
Quarters
2016

伯特利神學院
BETHEL BIBLE SEMINARY

序一

同探索，同實踐，同轉化城市

屈偉豪
牧師

伯特利神學院
院長

伯特利百年的事工，都在致力傳揚福音與服務，在伯特利人的心中，伯特利一詞，差不多與宣教和服務同義，伯特利事工在上海開展，有好幾位先賢參與其中：胡遵理教士，石美玉醫師，胡美林女士，藍如溪院長，計志文牧師，宋尚節博士……，他們不計個人的榮辱得失，不考慮自身的安危，在困苦戰亂的日子，把自己全然獻給上主。宋尚節博士捨棄地上的榮耀，完全拋下學術的成就，一心為主而活，別人逃避戰火，他與伯特利佈道團卻逆向而行，走入戰區繼續勇傳福音；石美玉醫師心繫貧病，身無餘款，卻憑信開辦醫院，設立護士學校，贈醫施藥，殷勤服事，照顧貧病，戰亂中憑信心承擔著大量扶貧和照顧孤兒的工作，不誇門面，不求榮利，只求上帝的心意成就，只求上帝的工作能夠推展，謙卑實幹，服事信眾。他們對上帝的服事，正印證著柏祺博士在城市中所尋索之「盼望的記號」（Signs of Hope）。

我與柏祺博士並不熟絡，柏祺博士多次到訪學院，我總與他緣慳一面，無緣混熟。2012 年陸輝牧師將柏祺城市轉化中心和課程引入，成為伯特利神學院屬下的一個部門和課程，那時我在伯神只專職負責設計和發展輔導課程，沒有機會參與兩所機構整合的過程。到了 2019 年我承擔了院長的崗位後，自然就與中心總監陳敏斯教授有頻密的溝通，了解中心和課程的運作，共同策劃中心與學院整體的方向和協作。

我對柏祺博士和轉化中心認識不深，認識主要是透過觀察中心的運作和跟轉化課程學生的溝通而得，明白到城市宣教所重視的和強調的，領會柏祺博士對轉化城市的核心精神和熱忱。柏祺博士的教學不在強調高深理論，而在引導學生放下固有的宣教觀念，放下城市宣教直線因果的假設，在所身處的城市中開放地探索處境，思考設計事工，同步作神學反思，不斷更新實踐，在實踐與反思中讓學生看到上帝的真實！上帝大能的真實！上帝福音見證的真實！在我們城市中不同處境階層中的真實！反思和實踐強化了每位學生的使命，強化了他們清晰前行服事的決心和方向，塑造推動一羣甘願謙卑，投身實踐而又不斷反思，配合處境行動的僕人。

轉化城市和伯特利百年事工的精神完全一致，作為神學院的院長，渴望的是彼此同心配搭，轉化城市，領人歸主。我確認城市轉化中心的使命，更願意盡量提供資源，締造發展空間和更多可能性。我也在思考，如何將部分城市宣教碩士程度的科目，納入牧職學位課程，使之成為必修科目，叫同學在進入教會或機構工場服事時，已懷抱城市宣教的觀念，能有反思實踐的經驗，再反思前行的事工領導能力。

柏祺博士現在凱旋歸去，我們心中當然不捨，卻都因柏祺博士留下的見證，心被激勵。我們現在的責任，就是繼續承傳柏祺博士城市宣教的精神，繼續在城市中宣揚基督，服事主所託付我們的羣體！

伯特利神學院
BETHEL BIBLE SEMINARY
BETHEL

photo by

序二

在轉變中作見證

陸輝
牧師

伯特利神學院
前院長

「我所使你們被擄到的那城，你們要為那城求平安，為那城禱告耶和華；
因為那城得平安，你們也隨著得平安。」

轉瞬間「柏祺城市轉化中心」便成立了十年，十年間我們成立的宗旨可以說得上是貫徹了，而發展亦比想像中理想，只是歲月催人，人事變動頗大：柏祺博士（Dr. Ray Bakke）——中心得柏祺博士同意以其名字來命名——剛剛安息主懷，筆者及倪貢明牧師亦已退休，雙雙退下火線，感恩的是總監陳敏斯博士及原班董事（中心前身是柏祺大學研究院香港分校）全部留任，成為中心執行委員會（即現時的中心委員會）成員，再加上新成員加入，一同支援中心的教學及事工。此外，我們的畢業生累積了多年事奉體會及研究心得，開始參與教學工作，並在不同的領域推動及分享異象和心得，貫徹了學以致用的原則。而中心近年亦增加了研究員崗位，協助進行一些較為宏觀的研究事工，配合學生的個別研究，情況較中心開始時更有活力。

此書正好反映了中心的宗旨及描繪出中心的事工：個別畢業生將自己的學習和轉化歷程，寫成了一篇篇可讀性甚高的文章，當中所介紹的不同領域事工，當可激勵讀者在不同崗位中努力為主作見證。此外，為了回應社會的轉變，中心也進行了一些較為宏觀的研究，將社會變遷對教會的影響指明出來，期望不單讓教會意識到問題的存在，也可藉此激發教會領袖，叫他們一同等候及思考該如何作出回應。最後的幾篇文章（本書第二部），則將中心課程的特色充分展現出來——伯特利神學院透過中心主辦的兩個博士課程，其教學模式均以「成人學習模式」進行，而以觀察訪問為主的「城市就是實驗室」（City as a Lab），正好叫學生可以更靈活地學習及做研究。

香港此刻雖面對著急劇的轉變，但在各樣具影響力的領域中[1]，教會及信徒仍有極多參與及見證的空間，誠如先知耶利米所言：「我所使你們被擄到的那城，你們要為那城求平安，為那城禱告耶和華；因為那城得平安，你們也隨著得平安。」（耶二十九7）盼望「柏祺城市轉化中心」、一眾畢業生及同工同道，不單單為城市求平安，亦能設身處地參與建設城市，在不同領域上一同作見證。

註釋

1. 學園傳道會創辦人 Bill Bright 及近代宣教學大師 Peter Wagner 分別提到要在七個具影響力的範疇中作見證，而近來的説法是「七座山」：Art 藝術文化娛樂、Business 商界、Church 宗教、Distribution 傳媒網絡、Education 教育、Family 家庭、Government 政府。

序三

一粒受過滋養的種子

轉化從擁抱城市開始，願意擁抱，便能容納所有的可能性，對「城市就是實驗室」這概念很自然產生了共鳴。

司徒永富
博士

鴻福堂集團
控股有限公司
行政總裁兼執行董事

接觸「城市轉化」這個既偉大又帶點浪漫和理想主義的議題，要追溯到十多年前在「感情用事」的氣氛下，受邀參與柏祺博士在港親自成立的柏祺大學研究院（香港）—— Bakke Graduate University (HK)。其時的「班底」有倪貢明牧師、陸輝牧師和鄧達強牧師，還有柯廣輝弟兄，他們每位都是我敬重的前輩和學長。也許他們的人生歷程各有不同，但當中都有一個共通點，就是他們都是喜歡實踐過於講論的人。我的參與其實帶著「粉絲」、「埋堆」的心情，因為說實話，要推動這偉大的理念，我所能作的貢獻可說微乎其微，初期只能參與我較為在行的工商管理碩士課程。雖然經過大半年的籌備，得到香港政府的海外課程註冊資格，但可惜因課程招生困難而告終。其實我個人也並不看好課程的「市場空間」。在沒甚貢獻的情況下，本打算「離隊」，可是因著神奇妙的帶領，中心隨陸輝牧師出任伯特利神學院院長而得以延續，並落戶在神學院，我亦出於對上帝作為的好奇，繼續待在那裏，和隊友一起同工。

換句話說，我沒有甚麼神聖經歷，看到異象或回應呼召，參與這偉大、遙不可及的運動，而是用既來之則安之，以行步見步的心情加入和走下去。說實話，當年我對柏祺博士及他所推動的，根本認識不多，更莫說他所推動的城市轉化概念。就是及後我很吃力地讀了一遍他的著作《擁抱城市的神學》（*A Theology as Big as the City*），覺得自己仍是一知半解。相比之下，至少我從心底認為，過去逾十年所培育出來的眾多畢業生，包括這文集裏的每一位作者，他們都是專家，在城市轉化的領域所認識的，都比我多。但隨著時間的累積，我多了一份認真探索的心，而我的結論正正就是柏祺博士所提到的：轉化從擁抱城市開始，願意擁抱，便能容納所有的可能性，對「城市就是實驗室」這概念很自然產生了共鳴。

說到擁抱城市，相信不少在這裏成長的朋友都跟我一樣，心裏懷著相類似的矛盾感受，就是這麼多年來，這城市的種種，究竟因著我們的努力而變得更好，還是每況愈下？我的感受是：「唔知點形容。」

以香港人一向引以為傲的「獅子山精神」為例，我曾特意為此與父叔輩鄰居深入聊了一會。話說鄰居現在已近 90 歲了，五十年代因父親來港找工作而定居香港，一家九口擠在一間只有二百多尺的廉租屋裏，除了居住面積細小之外，更會經常制水和實施用電管制，譬如當樓下正用水的時候，樓上就暫時不能用水，所以經常會聽到住客呼喊：「樓下閂水喉！」別以為資源有限，鄰舍之間就一定會刀光劍影，事實上，那時鄰居間的關係十分密切。鄰居們經常會將自己家的門匙放到隔鄰家中，街市有甚麼便宜的東西又會奔走相告，那種鄰里情實在十分寶貴。可惜現今社會大家各有各忙，鄰居夫婦帶點無奈地說：「我們有時都會主動與鄰舍攀談，但大家點點頭，問候幾句之後，就難以深入交往。」鄰居感慨「獅子山精神」不光是一種向上奮鬥，打不死的精神，它其實也是社會賴以生存發展的一種必不可少的「軟實力」——互助關愛，互相信任，互相尊重。他更說：「這份精神才是社會能不斷克勝難關的祕訣。」

我在想，城市能夠被轉化，靠的就是鄰居口中所講的這份軟實力，以及各人身體力行，從每個微不足道之處做起。正如鄰居夫婦多年前曾參加一項名為「誼家誼室」的計劃，常與青年人一起探訪有需要的家庭及獨居長者，期望身體力行，將互助關愛的精神傳承給下一代。

從另一角度看，擁抱城市，也要擁抱「尊重」，尊重每一代人的信念。例如現在年青一代人的「獅子山精神」，便明顯跟我們父輩的認知不一樣。此前熱播的電視劇《IT 狗》，在一眾年輕人中引起了很大的共鳴，包括我正在讀大學二年級的孩子，他形容這劇很「貼地」，所描述的正是他心中嚮往的那團火和前行動力。小兒很認真地複述主角阿信在大結局所講的一番話：

> 你所講嘅無知，其實係一種世故；你所講嘅短視，其實係一種無奈。佢哋嘅問題唔係蠢呀，係佢哋太過聰明，聰明到，明白惟有眼前嘅利益先至值得信任，但就算係咁，我知道仍然有一班唔夠聰明嘅人，努力為咗夢想，努力為咗呢個城市嘅未來艱苦咁樣前行，或者呢啲就係你所講嘅蠢人。但係我同你講，佢哋，先至係一班真正有信念嘅人。

大概，在小兒心中，阿信這番話，便是他們這一代的「獅子山精神」。

翻看這本十週年紀念文集，看見了不少熟悉的名字。雖然我們各自走著擁抱這城市的蹊徑，但慶幸我們都有一共通點，就是不尚空談，享受實踐。**我心底裏滿是感恩與奮之情，除了自覺於走著的路途上並不孤單，更滿懷盼望，因為這城市有不離不棄的你們在付出。**但願柏祺城市轉化中心在充滿挑戰和不確定的日子，本著「實驗室」的精神，以及我在悼念柏祺博士的文章中所說的最後一段話，繼續勇敢前行：

> 是的，我們都恍如曾被〔柏祺博士〕滋養過的種子，我們

photo by 胡偉斌

對他最好的回應，就是安然地在這土壤上不斷成長，繼續努力尋索城市轉化的各種可能性。就在這土壤，我們會與柏祺博士再相遇。

「種子只能夠停留在所撒下的土地才有機會成長起來。……想像你自己猶如一顆撒在肥沃泥土中的小種子，你所要做的只是停留在那裏，並且相信泥土會供給你一切成長所需。甚至在你不曾察覺的情況下逐漸成長。」（盧雲神父）

導言

轉化城市、在地若天

陳敏斯
教授

伯特利神學院
柏祺城市轉化中心
總監

柏祺博士不但沒有感到絕望，反而積極從聖經尋找出路，結連有負擔的屬靈羣體，一起建構適切的城市神學，抓緊服事城市的契機，在最黑暗和扭曲的時代，尋找聖靈的足迹和盼望的記號，開拓城市宣教的先河，影響了一代又一代的領袖去轉化他們的城市。

有一位著名的宣教學者曾打趣說，我們「採用十九世紀的神學，二十世紀的神學家，訓練神學生服事二十一世紀」。這多少反映了現今的世界轉變急速，莫說是一個世紀，就算只是幾年間，一切都可以經歷翻天覆地的變化。上世紀的全球化和城市化，本世紀的數碼化，以致最近的元宇宙，網絡3.0等，都為我們帶來了極大的衝擊和挑戰。傳統的福音信息不容易滲進多變多元的城市和網絡世界，個人的敬虔又如何轉化社會，成為落地的信仰？上帝此時此刻將你放在這個城市，又有甚麼心意？

具轉化力量的神學（Transforming Theology）

英國「處境神學」先驅葛林主教（Bishop Laurie Green）

認為神學是具轉化力量的。可惜教會普遍予人脱節之感，而基督徒在整合信仰與生活上又困難重重。我們實在需要通過一個更具參與性和實用性的神學進路，方能對應當今的議題，讓上帝的國引導我們前進，好使我們有分參與改變社會的工程。要理解神學的意義，實際動手實踐，事實上較只試圖給它下一個確切的定義，更為合適。**神學事實是一種需要我們去經歷的生活方式，而不是需要描述的東西。**[1]他也提到，「自 1980 年起，在英國和世界各地，對神學的理解都經歷了重大轉變。在那些年裏，神學深受城市牧者和實踐者的影響。他們的工作使我們不再將神學視為一組預先構建的程式，然後將這些程式『應用』到某種情況，乃是意識到上帝已在我們的處境當中，透過觀察祂在其中的作為而非藉著鑽研抽象的理論，能更好地幫助我們了解祂和認識祂。我們稱這種實踐學習為『做神學』。這是在特定處境下的神學，所以也經常被稱為『處境神學』。」[2]

擁抱城市的神學
（A Theology as Big as the City）

公認為城市宣教先驅的柏祺博士，曾在葛培理、世界宣明會和洛桑運動的支持下，為二百多個城市進行諮詢。當他招聚城中領袖，包括各教派的主教及牧師等，與會的每個人都認為他會以「居高臨下的西方人」身分發言，告訴他們在他們的城市該做甚麼。相反，柏祺博士向他們發問：「如果你必須向我證明上帝在這個城市活著，你會帶我去哪裏？你會給我看甚麼？」每個人都分享了他們最喜歡的事工，很投入地做筆記；不是他這個局外人在説甚麼，而是他們自己城市的領袖在説甚麼。這些領袖一直都在自己的角落中生活和工作，在此之前，並沒有跟其他範疇的領袖交流或協作。當諮詢結束，他們都非常興奮。之後柏祺博士邀請所有與會者以這些「盼望的記號」(Signs of Hope)為始，彼此交流上帝在教導他們甚麼。柏祺博士充當首席學習者，並邀請當地神學院派員跟他一起聆聽，設計教學大綱，**將城市變成一個持續學習的實驗室**。許多領袖表示，他們是第一次真正「看到」自己的城市，這並不是因為柏祺博士教授甚麼偉大的神學，而是他們在整個諮詢過程中，正視了自身的經驗和處境，看到上帝的作為，並加以反省而悟出了實踐的方向。

柏祺博士的著作《擁抱城市的神學》(A Theology as Big as the City)按著整本聖經的脈絡來探討城市神學，以親身經驗及城市處境作為反省的素材，扎根於聖經而落實於生活，啟發教會如何適切地回應二十一世紀城市所要面對各種重大的挑戰。

好的神學始於實踐也終於實踐

具轉化力量的神學，絕不能停留在學術和教學的層面，就此「實踐神學」給我們提供了可行的進路。雖然在華人教會內，很多人對「實踐神學」的了解只局限於「實用神學」，即神學院三大支柱——聖經、神學及歷史科——以外的一些「實用」科目，如教牧學、輔導、敬拜及教會行政等。事實上，「實踐神學」從十八世紀末開始，出現了很大的發展，並已成為一個獨立的神學領域。雖然實踐神學有許多不同的定義，但在華人福音派羣體的處境下，筆者認為現任華福總幹事董家驊牧師的定義頗具參考價值：

> 從門徒羣體當下的處境出發，藉著上帝的啟示，在聖靈中以各樣方式察驗基督在此時此地的行動，更新我們的心和行動，以參與在其中，朝向上帝終末的國前進。[3]

後頁的牧養循環提供了一個切入點，幫助信徒進入實踐神學的領域。這個循環是二十世紀初由天主教的賈爾定主教（Joseph Cardijn）所提出的，經過不同神學家修訂而最終整合成「經驗→探索→反思→行動」的循環。牧養循環深切地影響了當代的實踐神學方法，並以不同的形式出現在許多神學家的著作，也幫助了不同的信徒羣體整合經驗，提供跟傳統對話的進路。

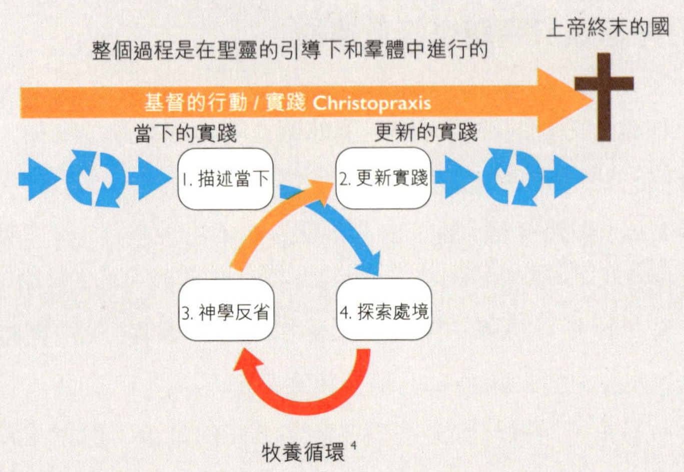

牧養循環[4]

為城市求平安

上帝今天將你放在香港這個城市，祂有甚麼心意？耶利米書二十九章提到以色列人被擄到巴比倫，乃非人的作為，而是上帝的心意，要他們投入當地的生活，切實地活著，並為那城求平安，他們也隨著得到平安（耶二十九4～7）。今天你可能決定要移民到其他城市，但想深一層，除了個人的意願或決定，我們更要求問上帝的心意，就是怎樣為我們所住的城市求平安。著名城市學者/實踐者林西肯（Robert Linthicum）在其《轉化力量》（*Transforming Power*）[5]一書中提到，「城市轉化」就是將城市轉移（trans）到一個新的現實（form），以反映出與日俱增的平安（Shalom）。「平安」

一詞在聖經裏的含義非常豐富，當中包括各種理想的關係（與神、與人及環境）和生活模式，滲透著整全、福祉及和諧的元素。

香港有平安嗎？有那些地方需要福音的介入？疫情嚴重影響經濟和民生、政治和社會環境經歷巨大的改變、移民潮、年青人對前景無望、人口急劇老化、社會撕裂、創傷抑鬱、貧富懸殊……「如果你必須向我證明上帝在這個城市活著，你會帶我去哪裏？你會給我看甚麼？」柏祺博士的發問言猶在耳，相信也是我們在城市做神學的起點，也就是以經驗和實踐開始，深信上帝仍活著在我們的城市當中，努力尋找盼望的記號，在羣體中和聖靈的帶領下經驗具轉化力量的神學。

以進修轉化城市？！

為了推動本地及亞洲的城市轉化，加強基督徒領袖在城市宣教事工上的裝備，柏祺城市轉化中心於 2012 年在伯特利神學院成立，並以柏祺博士命名。至今已報讀其博士課程的學生超過百人，畢業生數十位，他們都一心秉承柏祺博士的學習精神和神學理念，以經驗和處境開始，進行探索，尋找盼望的記號，好作神學反省和更新實踐，一起為城市帶來日益加增的平安。

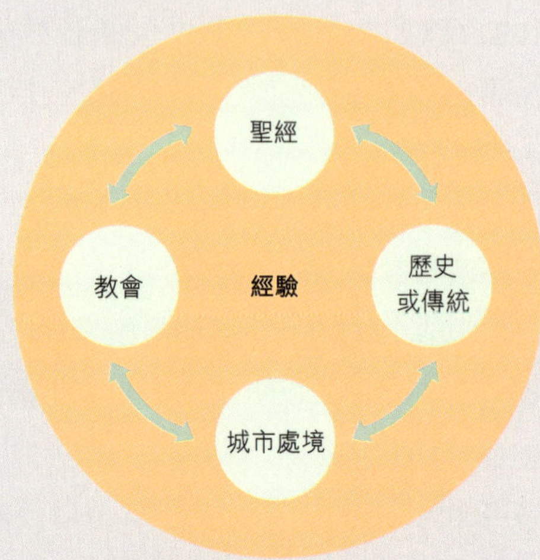

柏祺博士在城市中的神學反省[6]

我們數十位博士畢業生來自多元的背景，在不同的教會、機構及職場崗位服事，帶動轉化。他們研究的課題也非常廣泛，但大致可分為四類：一、神與人的關係，佈道和敬拜；二、人與人的關係，社羣建立及門訓；三、人與城市的關係，憐憫與公義；四、人與文化的關係，信仰與工作的融合。他們的論文題目可以在本書附錄找到，其摘要也都可以在本中心網站下載（https://www.bethelhk-rbc.org/dissertation）。中心也定期舉辦「轉化實踐系列」研討會，讓畢業生與更多人分享他們的論文、研究成果，以帶動更大的轉化。

轉眼間今年已是中心成立的第十個年頭，猶記得去年還跟柏祺博士約定今年來港慶祝，但他已於年初在家鄉西雅圖安息主懷，不能赴會了。他的教學、身體力行、可親的笑容、充滿暖意的眼光，都叫我們非常懷念。本書就是我們這班學生送給恩師的禮物，每人娓娓道來自己學習、經歷轉化和帶動轉化的故事。本書主要分為兩部分。頭一部是十二位畢業生的「轉化故事」，當中包括四個主題：領導、轉化、整合和前進。而每個主題之後都會加上中心相關的「研究報告」，以重申我們以經驗和實證為本的學習和反思。第二部是「經驗式學習」的最佳展現，課程要求每位同學在老師的帶領下，到兩個不同城市作實地考察，讓他們遠離自己熟悉的環境，涉獵不同的理論和事工模式，在同行同遊的氛圍下學習、交流和反思。這些旅程對很多同學來說絕對是課程的亮點、高峰的經驗，能刺激思考，叫他們想到不少新的事工理念、模式和協作，充分體現出柏祺博士「城市就是實驗室」這個教學和事工的核心理念。

結語

我常常在想，現今香港面對的困難，所經歷的變化，加上疫情肆虐，人心惶惶，很多人都選擇離開，情況有點像柏祺博士六十年代於芝加哥的經驗。但那時他不但沒有感到絕望，反而積極從聖經尋找出路，結連有負擔的屬靈羣體，一起建構適切的城市神學，抓緊服事城市的契機，在最黑暗和扭曲的時代，尋找聖靈的足迹和盼望的記號，開拓城市宣教的先河，影

Terence Toh Chin Eng/Shutterstock.com

響了一代又一代的領袖去轉化他們的城市。我彷彿仍然聽到他在每次離別時給我們送上的祝福……

> 願榮耀歸與上帝，平安臨到地上！
> 願教會滿有勇氣，城市充滿盼望！

註釋

1. Laurie Green, *Let's Do Theology: Resources for Contextual Theology* (London: Bloomsbury, 2009), 5.
2. Laurie Green, *Contextual Theology: What It Is and How to Do It* [document on-line]; available from LAURIEGREEN.ORG (https://lauriegreen.org/theology-1/

contextual%20theology.html); accessed 23 July 2022.

3. 董家驊，《21 世紀門徒現場：實踐神學新探索》(台北：校園，2019)，頁 89。
4. 董家驊，《21 世紀門徒現場》，頁 105。
5. Robert Linthicum, *Transforming Power: Biblical Strategy for Making a Difference in Your Community* (Downers Grove, IL: IVP, 2003).
6. Ray Bakke, *A Theology as Big as the City* (Downers Grove, IL: IVP, 1997), 202.

第一部
轉化的旅程

PART I
Journey for Transformation

Agafonov Oleg/Shutterstock.com

每個人的故事

都是不一樣的，

但他們

都經歷到轉化，

也隨之

帶動轉化。

領導
Leadership

Whoever wants to be a leader among you must be your servant. (Matt 20:26b)

你們中間誰願為大，就必作你們的用人。（太二十26下）

李志剛
牧師博士
馬鞍峰香港教會主任牧師

01

試煉中學習

祂知道我要去哪裏，
祂試煉我，
我就會純淨如精金

所有篇題頁圖片出自：Maksim Chuvashov/Shutterstock.com

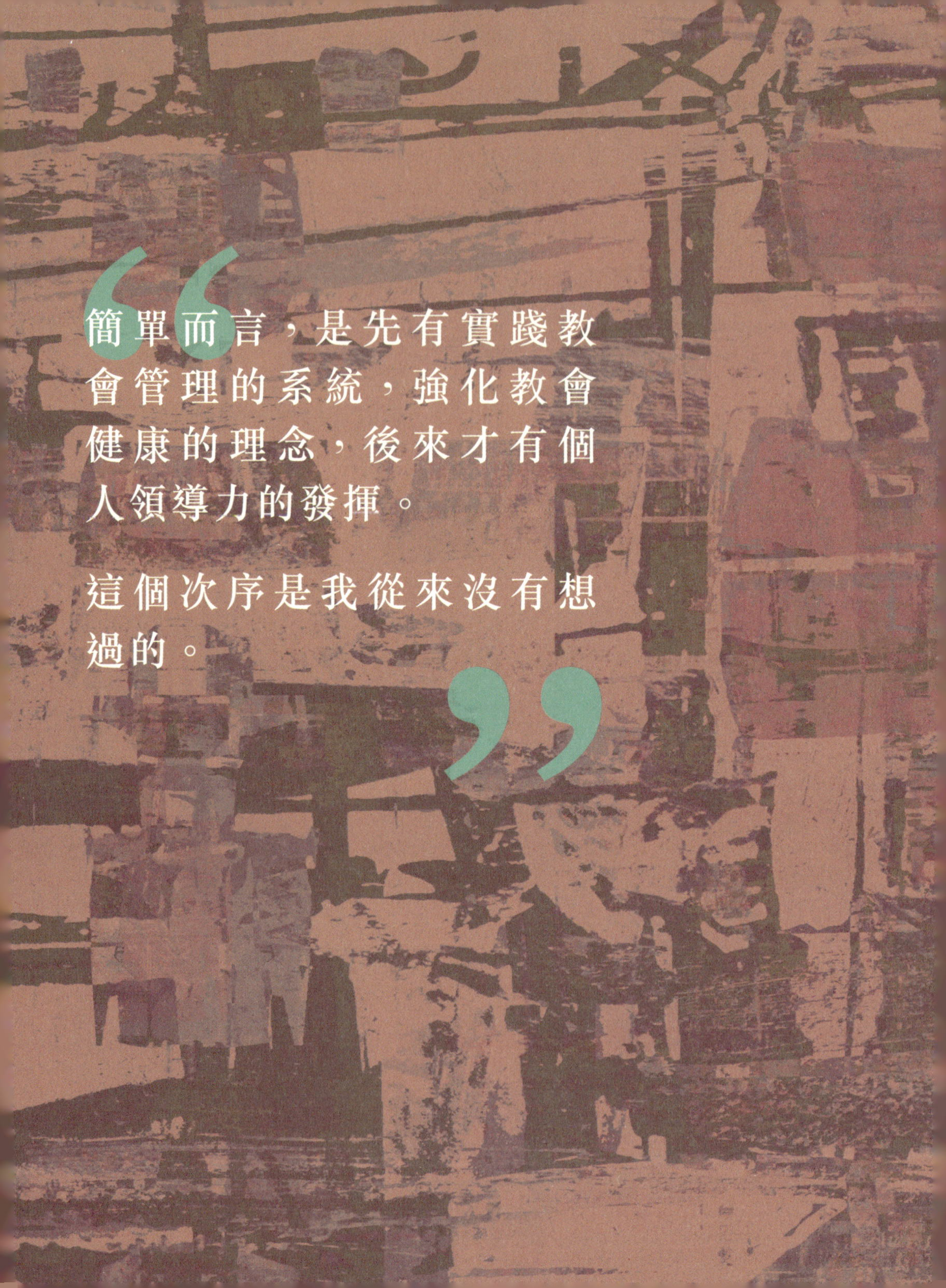

簡單而言，是先有實踐教會管理的系統，強化教會健康的理念，後來才有個人領導力的發揮。

這個次序是我從來沒有想過的。

轉化錦囊：

"Not all the learners are leaders, but all the leaders are learners!"

曾經有人問我：你的博士讀了多久？我誠實地回答他說：「我讀了二十一年。」究竟修讀博士是興趣、夢想、實際需要、學歷資格，還是持續學習的過程呢？

生命就是一趟學習的旅程，我常聽到一句智慧之言："Not all the learners are leaders, but all the leaders are learners!"二十一年前，我開始修讀工商管理博士。在預備完成博士論文的最後兩年，我卻遇到生意上的重大失敗，在別無選擇的情況下，我必須放棄攻讀這個學位。數年後，我再次上路，重新修讀工商管理博士。撰寫博士論文如火如荼之際，我回應了上帝的呼召，全時間投入開拓馬鞍峰香港教會

的植堂事奉工作。由於博士研究跟我的事奉背道而馳，為了專注事奉，我又選擇了放棄攻讀工商管理博士學位。等到開堂的工作和發展都上了軌道，我才開始修讀這個伯神的博士課程。對我而言，這是一個十分期待而又漫長的學習旅程。跟上兩次不一樣的地方是，這次我真的可以畢業了！

苦樂參半

在這個學習旅程中，我有十分享受的地方，也有不很滿意之處。我十分享受跟同學交流所學，並彼此分享應用的體驗，尤其是中東和中國的兩次實地考察。我不單認識了當地的教會文化，同時也了解了我的一班同學，我們在體驗和交流的過程中，彼此認識、彼此分享和彼此學習。可是另一方面，我覺得某些學科的教學，遠離了實踐和應用的方向，更有些評核方法是以背誦和記憶為主，真的叫我吃不消。而令我最難掌握的，就是訂定論文主體和研究方向。由兩年半前開始訂定研究主題開始，直至最後修改主題的一刻，一共改變了十五次研究的題目，不難想像，當中的困惑與掙扎是何等大。感謝主，讓我遇上了陳家華教授（Prof. Kara Chan），在她細心的指導下我重新上路，修正主題，收集數據，研究分析和總結成果，竟能在短短幾個月內完成論文，這實在是令人十分興奮的過程。在研究的末段，社會出現了巨大變化，自己除了要照顧教會內外的變化和個人的情緒，還要堅持努力不懈，專注於研究工作，真是非常不容易。感謝上帝的保護和引導，加上陳教授的悉心指導和啟發，我除了能完成課程，更發現了極具啟發性的研究結果。

「教會領袖」比「教會」更出名？

我的研究方向主要是用量化的方法尋找「轉化式領導」和「創造力」，跟「實踐教會管理」和「教會健康」的關係。我以為自己是略懂管理學的人，所以比較相信「轉化式領導」和「創造力」能夠有助教會建立更好的系統，當教會有良好的管理系統，便必然能夠帶動教會健康發展。這想法的後半部分沒有錯，標竿教會的管理模式的確跟教會健康有高度的關聯性。但讓我感到驚奇的，就是「轉化式領導」和「創造力」竟然跟「實踐教會管理」沒有直接關係。數據是我的朋友，它沒有騙我，反而給我很大的提醒，驅使我積極地尋找背後的原因。研究工作最有趣的地方，就是找出「客觀數據」跟「主觀認知」的巨大落差的原因。

在陳教授的引導下，我嘗試了多種驗證方法，總找不到

「轉化式領導」和「創造力」跟「實踐教會管理」的相關性。突然，上帝把兩個最基本的數據：中位值（Mean）和標準差（Standard Deviation）顯露在我眼前。中位值代表回覆問卷的人的平均評分，而標準差則代表回覆問卷的人對評分的分布，標準差的數值愈小，代表評分的分布非常集中。「轉化式領導」和「創造力」是對個人的評分，而「實踐教會管理」和「教會健康」是對教會的評分。客觀數據顯示，教會領袖對自己的「轉化式領導」和「創造力」評分都較高，而對「實踐教會管理」和「教會健康」的評分都相對較低，尤其是「實踐教會管理」的中位值竟然低於50%。這意味著教會領袖對自我個人的評價，遠高於對教會的評價。尤其是在「轉化式領導」的標準差的數值非常之小，這意味著這是教會領袖所非常集中和認同的方向，而在轉化式領導之中「最高的中位值」和「最低的標準差」，就是「個人形象和品格」。所以往往「教會領袖」比「教會」更出名。

健全的教會管理系統先於個人領導力

這個客觀發現，開啟了我的一個全新看法。過往我認為要教會健康，必須增強教會領袖的領導力和創造力，讓教會建立起系統和管理方法，以帶動教會的持續健康。原來，在沒有健全的教會管理系統的情況下，領導力發展得更強，再加上教會領袖的個人文化，反而有礙教會建立和實踐管理的方向，因而也不能建立持續的健康發展。這個提醒，放在自己的成長與學習上，更令我恍然大悟。我是典型的創意型領導者，在事工發展上，往往能帶來一定的「起動力」，但因缺乏系統建立的決心，內心又抵抗管理系統對自己的束縛，所以在持久的發展力上，感到非常乏力。而在馬鞍峰香港教會服事的這幾年，眾人或許覺得教會的發展和增長都非常之快，也十分健康，這一定跟我個人的領導風格有關——但事實絕不是這樣！我正是具體地驗證過這個研究結果的人。

從植堂開始，我們已經建立一個強而有力的教會管理和實踐系統（標竿教會系統），我也建立了一個創新和教會健康的文化。有了這個基礎，之後才運用領導力帶領弟兄姊妹走上創新和教會健康的旅程。簡單而言，是先有實踐教會管理的系統，強化教會健康的理念，後來才有個人領導力的發揮。這個次序是我從來沒有想過的，而這個次序和結果，也體驗在我的婚姻關係上。我是開拓者，而太太是系統建立者。在建立馬鞍峰香港教會之前，我們沒有在事奉和工作上具體合作過。馬鞍峰教會有一套行之有效的教會管理模式，但真正建立和運作系統的主角其實是我太太。這數年跟太太的同心同行，緊密合作建立教會，把我個人化的領導力控制著，從而擺上更多的精力，放在建立和實踐教會整體系統管理的工作上。有了這樣的堅持，教會便得以持續健康了。而我跟太太的關係，也從未像今天這樣好。對教會來說，標竿教會是一個管理系統；對我的生命來說，太太也是我的管理系統。

結語

教會從來不是機構、企業或學校，教會是屬靈的家。在是次量化和客觀的研究中，我才恍然大悟，領悟到一個對「家」健康發展的啟迪，對自己的領導風格也作出了深度的檢討。願這次漫長的學習之旅，繼續成為自己未來做人做事的新起點。我也從約伯記二十三章10節明白到祂的心意：「但他知道我要去哪裏，他試煉我，我就會純淨如精金。」（《新普及譯本》）互勉！

賴淑芬
博士
豐收慈善基金副總監

02

瓶頸中突破

讀書扭轉了我的領導生涯

我嘗試將不同的同事或義工組織起來，

讓他們一起守望我的學習，也一同研究某個課題。

結果將我的學習所得帶回了機構。我一邊學習，一邊教育和啟發隊工，

嘗試推動應用，結果帶來了隊工和事工的突破。

轉化錦囊：

找到自己在領袖發展階段中的位置。

讀書？回應心中四個渴想

報讀轉化型領導學博士課程，是多年的願望。可是，我一直要承擔兩個機構的總幹事職位，忙得要命。後來，我和丈夫進入了空巢期，終於在 2015 年我一償讀書的心願。決定報讀時，心中也帶著四個渴想，希望得到答案和實踐。第一、我的事奉到了瓶頸，很需要「輸入」新的學習和突破。第二、希望思考如何實踐我的人生使命：「成為橋樑，裝備工人，發展窮人。」想透過學習，整合經驗，使所傳遞的更能言之有物。第三、渴望尋找自己的下一里路，或未來應專注的崗位。第四、於國內服事困境兒童八年多，好想透過論文，研究服務模式的成效。

於知識的海洋裏遨遊

完成整個課程後，以上的四個問題，確實得到了答案，收穫更是超過我的所想所求。首先，學校的老師都很能夠兼顧理論與實踐；我也因此閱讀了大量書籍，再加上馬尼拉和中東兩個考察學習，開闊了我的眼界。我形容自己的讀書之旅，就像一隻小海龜，由淺水區游出了大海，才驚訝海洋之大。平生從未有過這麼豐富的學習，既為我的事奉加油，也成為我事奉瓶頸的突破，讓我感到興奮莫名。

至於第二和第三條問題，我確實透過學習，將我的工作經驗和理念整合起來。我的每份功課，都能用於結合我在香港和國內的扶貧工作，結果也為我事奉的機構帶來了改變。我在修讀不同科目時，嘗試將不同的同事或義工組織起來（community learning），讓他們一起守望我的學習，也一同研究某個課題。結果將我的學習所得帶回了機構。我一邊學習，一邊教育和啟發隊工，嘗試推動應用，結果帶來了隊工和事工的突破。例如我讀基督教倫理，我就研究土地公義，並以興起教會辦社區房作為解決方法，結果便成了機構的新事工之一。

找到自己下一里：匯彙期

讀書期間最大的收穫，莫過於修讀了領導評估（Leadership Assessment）。甘陵敦（J. Robert Clinton）的 Leadership Emergence Patterns，從領袖生平線整理出六個階段：「神主權下的奠基期」（Sovereign Foundations）、「內在生命成長期」（Inner-life Growth）、「事奉邁向成熟期」（Ministry Maturation）、「生命邁向成熟期」（Life Maturation）、「匯彙期」（Convergence）和「餘暉期」（Afterglow）。我發現自己的領袖發展階段剛到了「匯彙期」。這個階段的領袖被神帶到了一個跟恩賜配合的崗位，做應該做、喜歡做和能夠做的事，由此帶來新的影響力。對我來說，我的匯彙期是發展新的恩賜：寫作和研究，以整合近三十年的事工經驗，預備下一里路的訓練和傳承工作。柏祺博士看過我的功課，提到我有寫作恩賜，應該多寫，這成了我莫大的肯定和鼓勵。更感恩的是我完成了論文，研究了關於轉化困境兒童的全人服務模式，讓過去多年的工作得以肯定，並得到進一步的推廣。

轉化型領導的進深階段

因著這趟學習之旅，我的領導模式和方向出現了巨大的變化。我想到自己既然開始和愛上了寫作與研究，就不再保留在機構一直服事到退休的想法，並且在工作上作了調整：如果自己的工作是別人也能做到的，就盡量由別人去做。我思考提早離職的問題，意識到尋找「接班人」不單單是要找對的人，更重要是要留下一套東西，令機構不會因人事變化，失卻了最基礎和最重要的DNA。因此，我專心完成機構核心價值的研究，並且開始將這些價值傳承下去。

若不是有機會進修，我也不會知道自己有寫作和研究的恩賜，也不會知道自己喜歡整合理論與經驗，並將之應用於教學。不知不覺我已經畢業一年多了，教學對我的領導生涯影響深遠且具扭轉性。我毅然提早請辭「基督教關懷無家

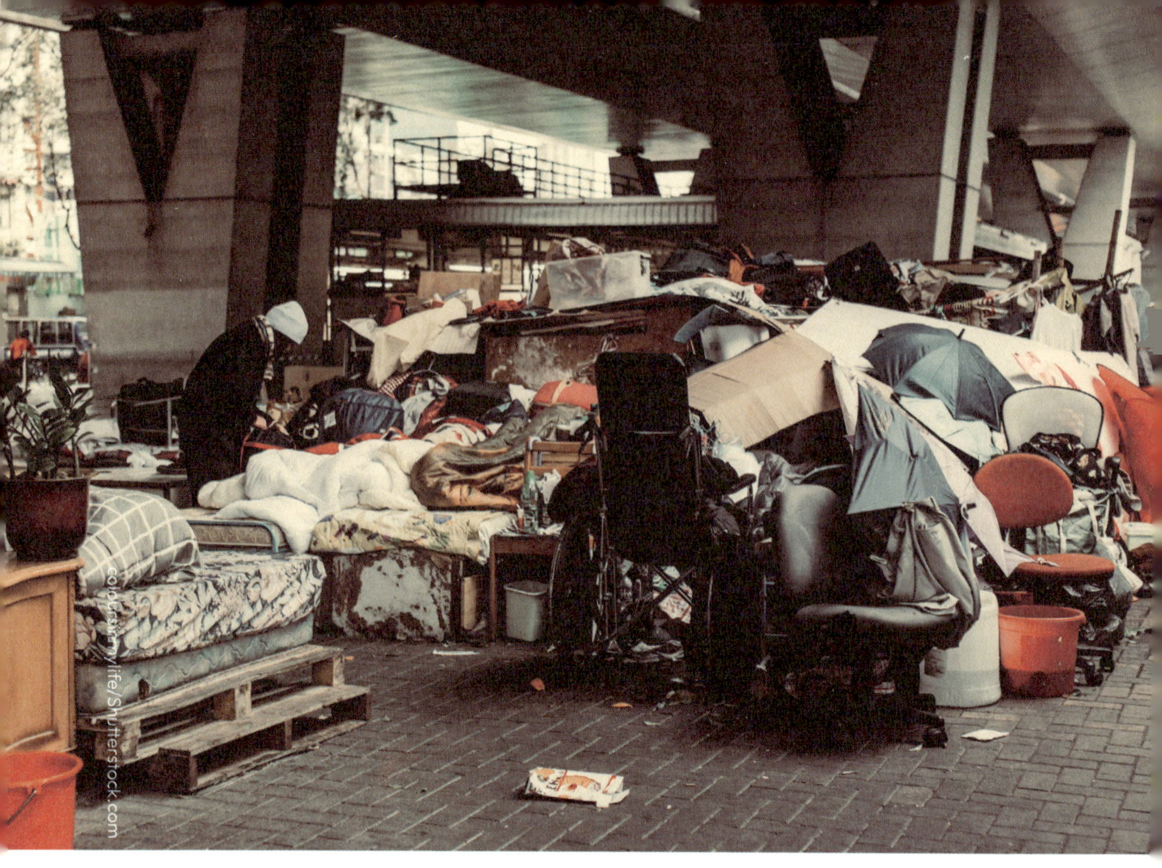

者協會」總幹事一職，於 2018 年底離開服務了將近二十年的崗位，轉作機構的顧問。如此，既讓新一代有機會接棒，也讓自己更能專心於「豐收慈善基金」的工作，繼續我對服事國內困境兒童的熱誠和召命。我選擇成為基金的兼職總幹事，以求能騰出時間，專心寫作、研究和教學，繼續我的傳承夢想。

領袖生命與貧窮人服事 e 資源庫

此外，我看到香港只有極少的福音機構能將經驗整合，以「資源庫」的方式分享，讓機構同工、夥伴、教會

與華人社會參考、交流、對話和應用。我決定整合機構於香港和國內二十至三十年的經驗，加上自己近三十年的領導經驗，在網上設立一個「領袖生命與貧窮人服事 e 資源庫」，分享關於扶貧和作領袖的寶貴資源。內容涉及香港的扶貧、團隊尋求和異象；屬靈籌募和土地公義；也包括國內困境兒童叢書。領袖生命方面，涉及領袖與靈命和核心價值等。資源庫會是聖經價值導向，理論與實踐並重的；同時重視生命（being）與服事（doing）兩個導向。資源庫將是免費分享的，更歡迎相關夥伴共用共享，務求一起豐富和發展資源庫。

但願終極無悔

取得博士學位後，我於教學上亦展開了新的一頁。我於禧福協會教授服事困境兒童的課題，又與老師開展了「領袖素描」的課程和小組，且已經進入了第三期。2019 年春季於伯特利神學院教授「服事邊緣羣體——整全策略與實踐」。此外，亦於年中到另一間神學院教授「領袖與靈命——由內而外的影響力」。我的生活變得忙碌起來，卻自得其樂。若不是從進修得著啟發，我可能仍在無止境的忙碌和工作中迷失和躊躇，如今卻能找到上帝給我的下一里路，屬於我的舞台——是我應該做、喜歡做和能夠做的。以終為始，但願我能終極無悔——"Finishing well"。

游淑儀
牧師博士
宣道會屯門堂主任牧師

03

逆境中成長

抗「逆」Level up 領袖 Level up

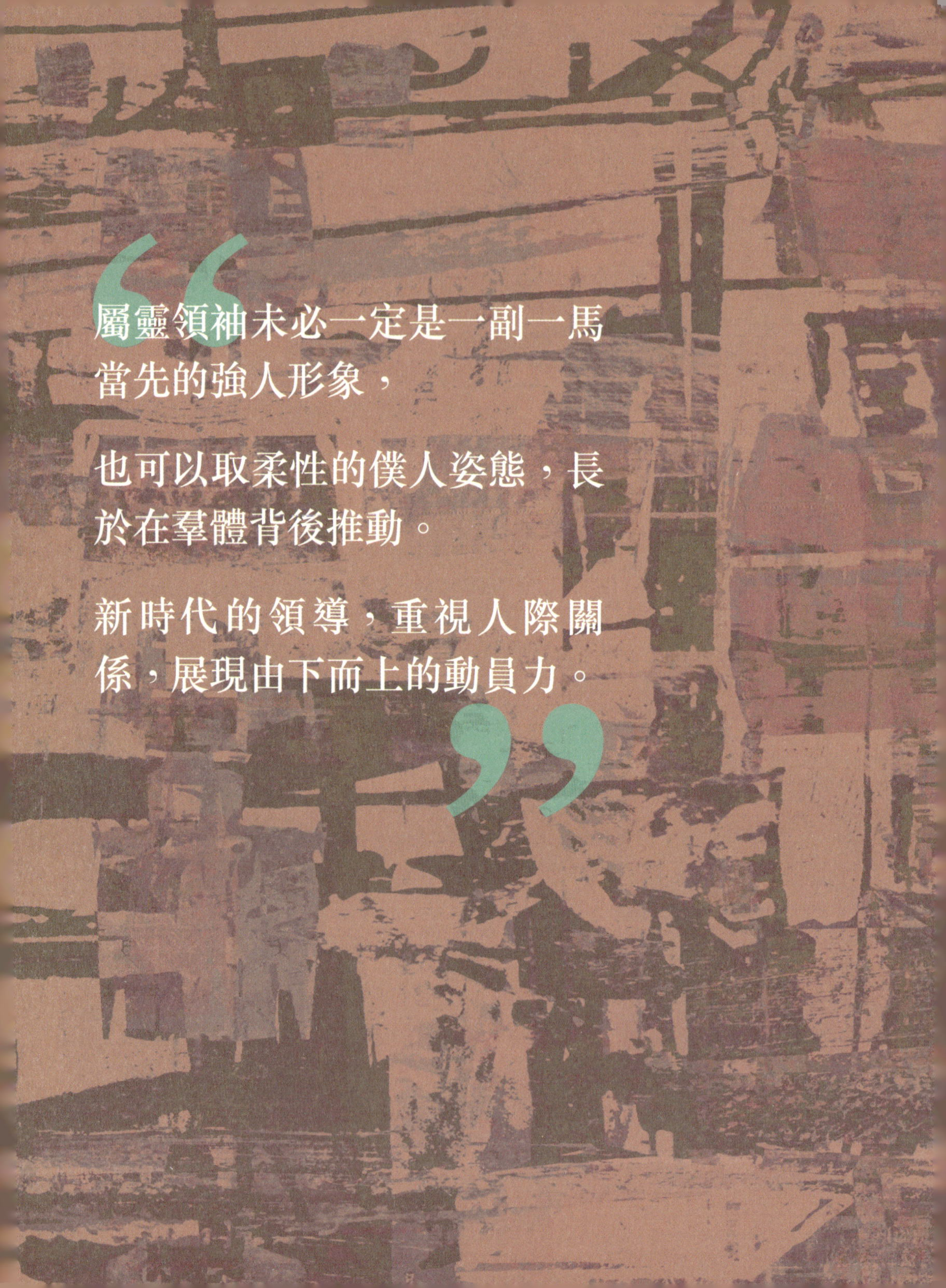

屬靈領袖未必一定是一副一馬當先的強人形象，

也可以取柔性的僕人姿態，長於在羣體背後推動。

新時代的領導，重視人際關係，展現由下而上的動員力。

轉化錦囊：

堅定召命乃事奉持續得力之源。

香港第五波新冠疫情嚴峻，執筆之日，確診數字已過百萬，染疫死亡人數已逾八千！教會實體聚會再次停止。在長達兩年多的疫情中，不少社康組織呼籲市民在身心和知識上提升抗疫力（Level up）。誠然，我們的城市除了疫情嚴峻，更要面對種種逆境。對不少牧者和信徒領袖來說，這幾年來是對教會史無前例的挑戰。如此，屬靈領袖豈不也需要「升呢」（Level up）？

裝備更進深

一代先知以利亞也曾落在「耗盡」（burnout）之中！上主如何幫助他走出幽谷？——除了憐恤他的身心需要，最終還是重新予以呼召並委以重任。

> 以利亞啊，你在這裏做甚麼？……你回去……到了那裏，就要……（王上十九 1～18）

筆者於 2010 年臨危受命，負起帶領堂會的重任，面對牧養上不斷的挑戰，心中便泛起了再裝備的意念。感謝過去神學院師長的教導和榜樣，提醒我們，我們永遠都是學習者。上主奇妙地透過人和事，讓小僕清晰抉擇，遂於 2017 年入讀伯神柏祺的「城市領導」課程。回望神學再裝備及論文寫作的過程，筆者可說獲益匪淺！——尤其是有機會再思個人和教會的召命，並如何將之實踐於這城市。

牧職是高危工作，要慎防耗盡。除了保重身心靈，堅定召命乃事奉持續得力之源。

不知不覺已完成四年半的學習，論文在百般限制的疫情中完成了，盡是主恩！有說：「休息為了走更遠的路。」同樣「裝備更是為了走更遠的路」。裝備有如吸收養分，是靈命另類的休息。無疑，一邊全時間擔任牧職，一邊進修神學，面對如「滔天巨浪」的功課量，實在毫不容易！但主的大能在人的軟弱上顯得完全。過程中也磨練了我的意志和紀律，這是進入論文必經的心路歷程。

心志更堅定

現今教會常遇到的難題，未必是聖經教導方面的，更多可能是領導和團隊相關的現實困難。課堂所學，令筆者茅塞頓開！那是過往神學裝備的重要延伸，包括：領袖學、領袖的養成，以及建立教會的理論和實踐。屬靈領袖未必一定是一副一馬當先的強人形象，也可以取柔性的僕人姿態，長於在羣體背後推動（leading from behind）。新時代的領導，重視人際關係，展現由下而上（comes from the bottom up）的動員力……

筆者從中進深認識到個人的領袖類型，逐漸聚焦於上主創造的生命藍圖，並因著反思教會使命和時代的關係，使我的信心得以增添，最終能落實培育建立教會的領袖和團隊。

難忘兩次城市考察——印度及馬尼拉——的經驗。2017 年是敬愛的老師柏祺博士最後一次帶隊前往印度作城市考察，筆者感恩能近距離跟 Dr. Ray 學習。有一天在城市遊走（citywalk），79 歲高齡的老師行了一整天，竟沒展露倦容，

在車上還孜孜不倦地給我們作講解，我充分體會到他對城市的異象和熱忱。

此外，還有無數委身於城市事工的領袖，他們致力於城市的轉化，終其一生都在艱難的城市中服事貧窮、被棄的人，甚至冒著生命危險事奉，完全彰顯出基督的生命。想起在印度加爾各答服事垂死病人、照顧被棄孤兒四十多年的德蘭修女——在一所兒童之家門頂上刻著其名言："Let us do something beautiful for God"（讓我們為上帝做一些美麗的事）。

這話感動我們，也叫我們記起自己事奉的初心！驀然想起青年團契的團訓：「智慧人必發光如同天上的光；那使多人歸義的，必發光如星，直到永永遠遠。」（但十二 3）

經過城市之旅，我恍然大悟！凡此種種，原來都是我預備論文的動力。回想自己經過十多次修改論題，但初心不變。這經驗也在堅固自己，那就是教會的帶領和模式有許多不同階段和學習，但最重要仍然是堅定神給我們的初心——召命！

遠象更聚焦

「畢業論文」是一個從課程學習開始，直至結束的項目。對筆者來說，也是二十多年牧職經驗的反思和整合，過程雖然艱辛，卻是非常值得的。

筆者的論文，是以個案研究堂會由停滯轉化至復興的歷程，從而歸納出十大關鍵的轉化因素。研究包括從聖經探討教會「停滯」與「復興」的定義。簡言之，其原因主要與屬靈的「質」素相關，也呈現於「量」的表達及社區擴展的狀態。不可或缺的是教會由停滯轉化到復興所需的態度和動力——以教會的使命為焦點。這原是不容忽略的聖經教導呢！香港教會正處於挑戰重重的時代，前行的確不容易。然而當教會回顧歷史又聚焦於使命，基督的身體（眾教會）確能彼此相助。令人鼓舞的是，突破「停滯」原來是有迹可尋、有道可循！甚願這微小研究能成為呈獻，見證那位教會的主，並激勵教會把下垂的手、發酸的腿挺起來！

「畢業論文」是一個屬靈旅程（spiritual journey），充滿著各種有意義的訓練。包括：論文必須符合學術的規格，從而訓練嚴謹的思考、分析和求知的精神；過程似是孤單獨行，卻有上主同行及同道彼此扶持；論文所得及箇中經驗，也能應用在教會或職場事奉中，成了事奉的新里程。

難忘陳敏斯博士的提醒和鼓勵：寫論文的過程恍如「吃一隻大笨象」！（大家試想想那是甚麼意思？）又難忘小僕的論文督導呂慶雄博士，以畢業禮中禮儀的象徵意義來勉勵畢業同學：「撥穗」代表麥穗成熟了，也代表了幾年學習生涯轉瞬即逝。有説這四方帽與畢業袍是源自中世紀基督教修道院的背景。而專為博士生像加冕一樣的儀式（hooding）意義更為重大，套在取得博士學位的學生身上，象徵智慧的傳承、使命的傳承。

畢業其實是另一階段的開始。

疫情恍如一場「疫戰」，人人自危！願上主的門徒、僕人領袖儆醒地把握今天，追求成長，得力為主打那美好的勝仗！

Research Report I

「疫情中的教會牧養及網上崇拜」問卷調查初步結果

伯特利神學院
柏祺城市轉化中心

2020 年新冠肺炎疫情爆發，大大影響了教會的日常運作和事工。教會因限聚令等防疫措施，需不時暫停實體聚會和崇拜。為了探討信徒和教會在疫情中所面對的挑戰，伯特利神學院柏祺城市轉化中心和福音證主協會，在 2020 年 9 月聯合進行了兩個網上問卷調查，分別從信徒和教會的角度，探討網上崇拜及牧養的狀況。以下是兩份問卷發現的主要重點：

主題一：疫情未有影響信徒參與教會崇拜的穩定度

問卷結果顯示，超過 95%回應問卷者，在回答問卷前的四個星期（約 8 至 9 月期間）都有參與崇拜，其中約 73.7%有每週參與崇拜。這結果反映，信徒未有因疫情中的限制措施，而大幅度減少參與崇拜。另外，疫情前穩定參與崇拜的組別當中，65.5%只參與了自己教會的網上崇拜，約 30%有參與其他教會的網上崇拜。

同樣，超過 80%回應問卷者，打算在疫情過後回到自己教會參與實體崇拜。其中 30 至 39 歲組別較多人打算參與另一間教會的實體或網上崇拜。此年齡組別中，也有 41.4%的人表示，在疫情期間曾參與其他教會的網上崇拜。可見此年齡羣的離心力，似乎較其他年齡層為大。研究結果顯示，整體而言，香港信徒仍然穩定參與自己教會的崇拜，信徒未有因疫情而大量離開教會或停止參與崇拜。

疫情過後我打算（可選多項）	18-29 N=371	30-39 N=375	40-49 =458	50-59 =608	>60 =339
參與〈我教會〉的實體崇拜	**84.6%**	**82.9%**	**87.1%**	**90.8%**	**90.3%**
參與〈我教會〉的網上崇拜（如我的教會繼續提供網上崇拜）	25.3%	27.2%	27.1%	24.5%	27.7%
參與〈另一間教會〉的實體崇拜	6.2%	10.9%	8.7%	6.3%	5%
參與〈另一間教會〉的網上崇拜	12.9%	18.9%	17.2%	13.8%	14.5%
按自己的時間需要，參與實體或網上崇拜	26.7%	37.9%	32.5%	32.4%	33.3%
我會邀請親友一同參與崇拜	16.4%	16.8%	18.8%	23.4%	20.1%
我暫時不參與教會崇拜	1.9%	0.3%	0.2%	0.2%	0.6%

主題二：18 至 29 歲的信徒對網上崇拜的投入程度顯著較低

問卷也問到參加者對網上崇拜的看法，結果顯示 18 至 29 歲的回應問卷者，相較其他年齡組別，投入程度顯著較低，也較難找到安靜的空間參與網上崇拜。這可能因為不少年輕信徒都沒有自己的房間或私人空間，供他們安靜參與網上崇拜。年輕人似乎也較喜歡在教會實體交流，研究也指出他們較期待與弟兄姊妹再次一同參與實體崇拜和聚會。

	18-29	30-39	40-49	50-59	>60
我享受參與網上崇拜	**2.76*** **	3.11	3.09	3.02	3.09
我在網上崇拜中較容易投入	2.04	2.28	2.36	2.45	**2.69** **
我較難找到安靜的空間參與網上崇拜	**3.10** **	**2.84** **	**2.73** **	2.28	2.13
我在網上崇拜中更能感受到神的同在	2.65	2.75	**2.88** **	**2.85***	**3.05** **

我在網上崇拜中更能被講道信息牧養	2.93	3.05	3.02	3.04	3.26**
我多了和家人一起參與崇拜	2.38	2.68	**2.84****	2.67	2.72
我期待再次與弟兄姊妹一同參與實體崇拜和聚會	**4.63***	4.46	4.49	**4.67****	**4.76****

* 數據上顯著較高 P<0.05　** 數據上顯著較高 P<0.005　*** 數據上顯著較低 P<0.005

主題三：網上崇拜較有利不穩定參與崇拜的組別

這次問卷調查中，有一百一十九名回應問卷者屬疫情前不穩定參與崇拜的組別，其中 34%是 18 至 29 歲，23%是 30 至 39 歲。這羣組當中，約 43%有參與其他

N=2,054 Max=5（非常同意）	在疫情之前	
	我穩定參與我教會的崇拜 N=1,960	我不太穩定參與教會崇拜 N=191
我享受參與網上崇拜	3.02	3.06
我在網上崇拜中更能被講道信息牧養	3.04	3.26**
疫情之後，教會應該實體及網上崇拜並行	3.49	**3.74****
我期待再次與弟兄姊妹一同參與實體崇拜和聚會	**4.63****	4.29
在網上崇拜中，我較難感受弟兄姊妹的結連	**3.98****	3.68
我多了和家人一起參與崇拜	**2.69***	2.46
疫情期間我能維持與神的關係（N=2,151）	**3.94****	3.47

* 數據上顯著較高P<0.05　** 數據上顯著較高P<0.005

教會的網上崇拜，39.3%只參加自己教會的網上崇拜，17.3%沒有參與任何崇拜。相比穩定參與崇拜的信徒，較多不穩定參與崇拜羣組的信徒表示，在網上崇拜中更能被講道信息牧養，以及更同意疫情之後教會應該實體及網上崇拜並行。這可能因為網上崇拜的時間和地點限制都較實體崇拜少，令此組別信徒投入和參與的動力更大。當問及他們疫情後的打算，此組別中有57.6%表示，疫情後會參與自己教會的崇拜。

主題四：疫情中影響信徒崇拜投入度／靈命的因素

問卷結果和分析顯示，有四大因素幫助信徒在疫情中投入崇拜，並維持與神的關係。

A. 增加教牧關懷和分享：大多回應問卷者都表示，疫情期間教會的教牧傳道／領袖或小組組長與他們的聯絡次數相若。而數據上顯示教牧多了聯絡，以及教會有增加牧函／教牧分享的信徒，疫情期間能維持與神的關係的分數比其他組別為高。

B. 以聖經為中心的信息：問卷問到參加者現時最希望教會提供甚麼援助，當中最多（56.4%）表示需要以聖經為中心的信息。可見信徒在疫情中，仍然希望被神的話語牧養，以及維持屬靈生命上的追求。

C. 小組的相交和支持：回應問卷者的小組參與度，並沒有因為疫情大幅改變。59.3%參加了網上小組/團契聚會，16.9%參加了實體及網上小組/團契聚會。當中 70.6%表示在網上小組/團契聚會中，仍能感受到弟兄姊妹的相交和支持。而此項也是線性迴歸（Linear Regression）分析中，最能預測參加者疫情期間與神能維持關係的項目。

D. 參與社區服事：根據問卷結果，近 80%受訪者的教會在疫情中有做派發口罩或其他抗疫物資等社區服事。而約有 22.5%受訪者曾親身參與這類社區服事。數據顯示，有親身參與社區服事的回應問卷者，在疫情期間維持與神的關係上，比沒有參與的信徒顯著較高。

主題五：大半數教會收入不受疫情影響

疫情中教會的事工大受影響，奉獻收入和教會支出的金額都有不同程度的改變。回應問卷的教會當中，38%奉獻收入與去年相若，約 32%奉獻收入較去年同期

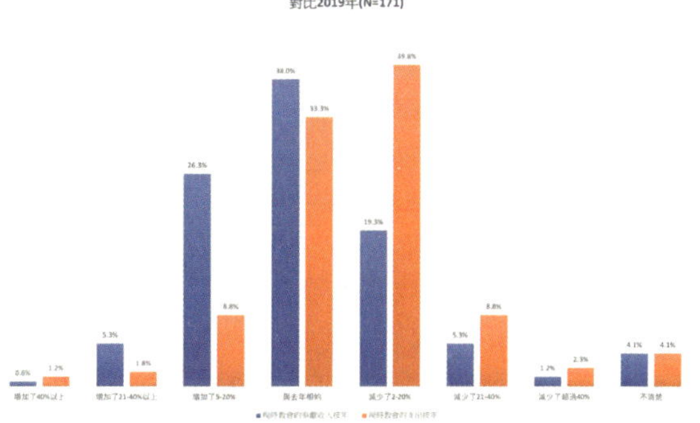

增加，而 25.8%較去年同期減少。可見約 70%教會收入不受疫情影響。此外，因為疫情中不少教會的事工減少，約一半的受訪教會的支出，較去年同期減少。

總結

由教牧代表教會回應的問卷結果顯示，受訪教會在疫情中大多都作出了不少調適。當中有過半受訪教會對網上教會和牧養的發展持正面態度，也考慮以網上教會作為前行的方向和發展方向。研究結果又顯示，當中仍存在不少線上線下牧養的實際挑戰，包括在網上有效地傳講信息的同時，如何繼續營造羣體的氣氛、跟新朋友連繫和福音工作等。

另一方面，由會眾和教會回應的兩份問卷回應顯示，信徒在個人層面和教會在發展層面，對於網上教會和牧養的感覺正面。對於網上教會和牧養，兩份問卷的結果都指向那是存在著更多的發展和可能性的，同時也帶出實體關係建立、連繫，以及面向社區的服事和接觸，是不可缺少的。

雖然是次研究不能代表所有信徒和教會的現況，但能幫助信徒羣體和教會多知道一點彼此的經歷，讓大家的聲音和意見得到更多聆聽和明白。我們既互為肢體，盼望在這變幻的時代中能繼續一同學習，拓展神國並堅守盼望。深盼我們後續的質性研究能更立體地和深入地探討上述的研究結果。

最後，我們非常感謝各教會、機構、教牧和弟兄姊妹幫忙回應及發放問卷。也特別感謝問卷的顧問團隊——陳家華教授、許志超博士以及關兆奇博士，他們為問卷設計和分析提供了指導。

Matt Leung/Shutterstock.com

領導 Leadership
轉化 Transformation
整合 Integration
前進 Progression
轉化
Transformation
Lee Yiu Tung/Shutterstock.com

Do not conform to the pattern of this world, but be transformed by the renewing of your mind.（Rom 12:2a）

不要效法這個世界，只要心意更新而變化……（羅十二 2 上）

呂宇俊
博士
溫哥華基督教沐恩堂

04

上帝的引導

轉化一生之「路牌」——進修神學

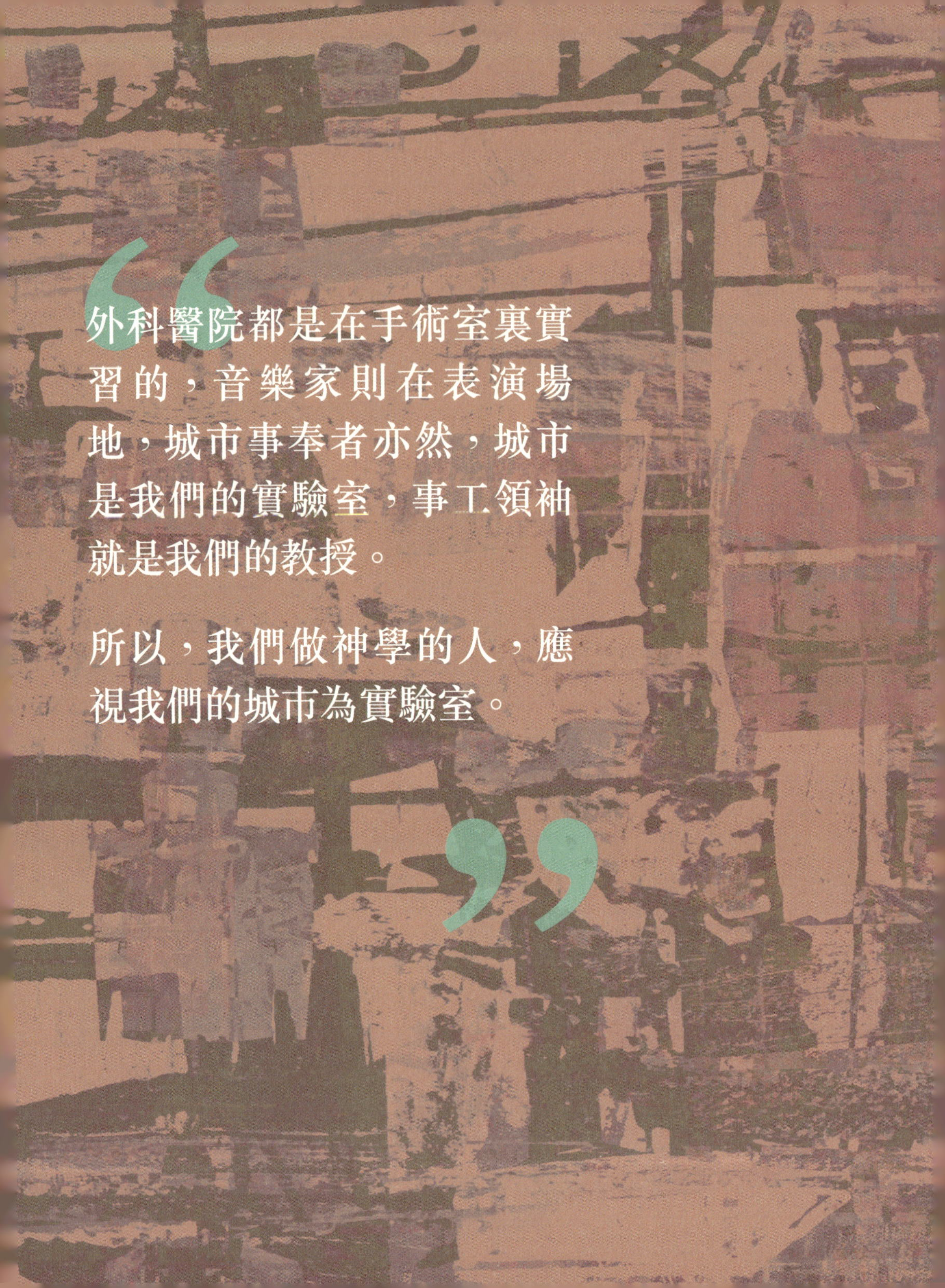
外科醫院都是在手術室裏實習的，音樂家則在表演場地，城市事奉者亦然，城市是我們的實驗室，事工領袖就是我們的教授。
所以，我們做神學的人，應視我們的城市為實驗室。

轉化錦囊：

上帝會透過不同的「人生路牌」指引我們的人生及事奉方向。

人若想到達目的地，便需要跟從路牌的指示；信徒若想擁有精彩的生命，就需要遵從神的指引。神的指引就如「人生路牌」，但我們卻很容易錯過……

為何修讀神學是「人生路牌」？

柏祺城市轉化中心創辦人柏祺博士，有一本書名為 *Street Signs: A New Direction in Urban Ministry*，他在書中分享到當人生出現一些「路牌」而他又回應後，如何改變了他的事奉路向。回想我在溫哥華牧會約兩年後，深感個人的不足——無論是外在的支援（因為，教會只得我一個同工），還是個人的能力（因為差不多每星期也要負責講道）。經禱告後想到，「何不再進修神學？那便有同學可以成為同行者？也可以透過每一學科來更好裝備自己？」我願意回應這感動，而且對於身在外地但又心繫香港的我，搜集資料後發現伯神的博士課程最具彈性，此外更被這博士學位的兩科必修科所吸引，就是 LAB 1 和 LAB 2。柏祺博士曾說，「外科醫院都是在手術室裏實習的，音樂家則在表演場地，城市事奉者亦然，城市是我們的實驗室，事工領袖就是我們的教授。所以，我們做神學的人，應視我們的城市為實驗室。」LAB 是實驗室的意思，學員需要到不同城市考察，以往就曾到過馬尼拉的「垃圾山」。我被課程架構與內容所吸引，就這樣我展開了在伯

神的「神學之旅」。

路牌 1：第一科神學課已流下淚來……

2019 年 6 月我修讀陸輝牧師任教的「使命教會」一科，陸牧師不單在課堂上教授神學，更安排我們到不同地方實地考察，其一便是到旺角宣道堂。甫進入宣道堂我便看到一張熟悉的面孔——陳淑娟，原來她已在旺角宣道堂牧會五年；跟我一樣，我也踏入牧會的第五個年頭了。惟一不同的是，宣道堂有著很大的轉化。

當聽到淑娟姐跟我們分享，「為何街上的清潔工被傳媒拍到在『公廁』用膳」、「在三十多度高溫時，仍然要以黑色大垃圾膠袋當為外衣，並坐在後巷用膳」，當她分享到「香港最高齡的清潔工友是 80 多歲」，那一刻我不禁在課堂中流下眼淚。第一科神學課便讓我有著這麼扎心的經歷，讓我更肯定「神學」是要能「實踐」的，「教會」也不能離開羣眾，因為神要透過教會展現祂的大愛以轉化生命。

路牌 2：奠定研究方向的神學課……

第二個路牌也是影響我極深的神學課，這一科名為「轉化式學習：個人、組織與社會」，由紀治興博士任教。在課堂上紀 Sir 介紹了不同的轉化式學習理論，其一便是麥澤羅（Jack Mezirow）的人生十個轉化階段。原來一個人能把握好每一階段，轉化的機會會更大。紀 Sir 的課堂不單啟發了我預備名為「故事轉化研經法：不化與轉化之間的約拿」的聖經課程，更讓我往後預備講道時多了一個極好的思考方法。

這一科未上到一半，我已經決定要拜紀 Sir 為師（即邀請他成為我的博士論文指導老師），因為我再一次想起過去一年多宣道堂的不斷轉化，並且扶助了其他多間教會使其得以轉化，我希望藉這次研究機會，激勵更多堂會的領袖，一起心意更新而變化。

路牌 3：撰寫博士論文，更認識自己，更感指導老師與同儕的重要……

陳敏斯教授常提醒我們，「這博士論文的研究對我們未來的事奉極重要，因為經過深入研究，你會成為這方面的『專家』，會在該範疇有所貢獻。」我的論文其中一個重點是「轉化」，如呂慶雄博士說：「當你預備論文時，你應該經常在反思你的研究題目，如坐車、看電視的時候也會想著。」我的確也如他所說，那段時候頭上就如多長了一條「天線」，專門接收有關「轉化」的訊號。紀 Sir 在論文的指導過程中常提醒我說：「一篇好的博士論文，要能做到兩方面的貢獻，分別是：神學的貢獻及實踐的貢獻。」我的確以他的教導作為我撰寫論文的目標。

David Silverman 在 *Doing Qualitative Research* 一書中說「如果你有興趣一社會現象是『怎樣』在社羣中引起」，或你是在「捕捉一種經驗」（capturing experience）。我就是希望清楚「捕捉」旺角宣道堂及其他教會的轉化經驗，讓其他人能看

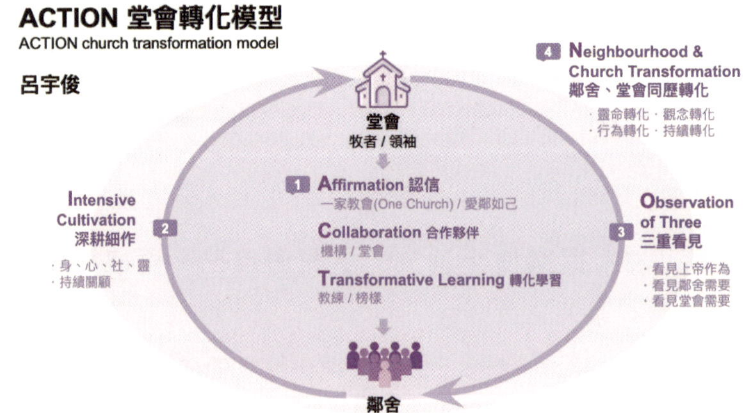

到那些教會的具體轉化情況。感謝神，論文最後能得出一個「模型」（model），可以解釋教會的轉化實況，亦能以一個很貼切的英文字來替這個模型命名——**ACTION**——「堂會轉化模型」。

我雖然最終能順利畢業，但撰寫的過程可以用「有血有淚」來形容，只因我「低估」了博士論文的難度，也高估了自己的「能力」，致前期階段進展並不理想。但感恩有好的指導老師，給我充滿愛心和一針見血的教導，也有好同學的鼓勵，再加上聖靈的帶領，我最終才能順利完成論文。

只有感謝

感謝上帝，祂給我「進修神學」這路牌，而往後出現的路牌更是不斷「聚焦」：由第一科上帝帶領我重回十多年前已合作事奉的宣道堂，到參與紀 Sir 的「轉化」課程，到完成博士論文，一切肯定不是巧合，而是上帝透過不同的「路牌」指引我的人生及事奉方向。完成博士學位後，不但我的事奉與人生給更新了，我更認定將來要在神學教育與教會牧養中好好進深，以致神學能得以實踐，又能從實踐展現神學。

只有祝福

各位朋友，你讀到這裏，必會看到上帝在我生命中的帶領。你又如何？你願意尋找上帝在你生命中的「人生路牌」嗎？若然，請你不要輕易錯過擺在你面前的「神學路牌」，那怕是一個信徒普及課程，一次旁聽課，一次選修課，甚或是一個學位課程，總之就不要錯過與上帝一起同行，締造精彩人生的機會與可能。

謝思熹
博士
社創校園創辦人

05

上帝的介入

不要效法這個世界——從個人到世界轉化

這未必會在我們的世代發生，但我們仍確信有改變的可能。

所以，作為現世的踐行者，我們只能謙遜，

在每次幾近成功又再失敗的歷程中檢視自己，

發現上帝，繼續實踐上帝的命令和教訓。

轉化錦囊：

堅信祂一直都在介入——從個人的內在轉化到世界的轉化。

如果說大學本科學習（文化研究）讓我學會以批判的眼光看到世界的另一面，也讓我立志與弱勢同行，那修讀轉化型領導學博士那段日子，則讓我開始好奇甚至確信，我在文研所學的是否能結合基督的關懷和神學實踐，走出第三條不同的路？

走進社會原是神的旨意

還記得第一堂課是「公義與憐憫」，這讓我以另一角度重新審視自己從事的社創工作。這課也讓我重整及確立了往後事奉的基礎：「信徒作為被召的羣體，於世上不是等待死亡/永生，也不是遠離俗世自潔自立，乃是要走進世界當中遵從主的教導，以愛讓世界得以轉化。」從這角度看，推動社創正是鼓勵眾人走進世界，以市場經濟的方式，透過持續的企業營運，從根本讓弱勢社羣受惠並得以充權，改變社會中無權無勢者的生活處境，讓他們能夠助人自助。

當然，除了事工實踐的反思，不同的經科訓練也讓我加深對經文的理解以及歷史向度的認識。當我修讀聖經神學時，察看聖經中「轉化」的脈絡，了解到舊約和以色列故事的意義，例如舊約可以說是上帝不斷的拯救，人類的回應就是個人的不斷更新與轉化。人總是在經歷痛苦的時候才能學習、改變、轉化。不少宗教的轉化也是內在的轉化，叫人成

聖；但基督教的轉化卻不止於個人，也不止於叫人成聖。重看約瑟的故事，可以清楚看到上帝不只著重個人的改變和轉化，祂的介入更伸延到家庭領域以及國家治權與公共領域。約瑟不單參與政治法律、農業、經濟以及國際事務，他的一舉一動也對整個埃及以至以色列家有所影響。從他身上我們可以看到一個有神的靈內住的人，對世界有多大的影響力，而更重要的是從他身上我們發現到，介入不同的社會事務就是神的旨意。約瑟自己也說：「不要害怕，我豈能代替神呢？從前你們的意思是要害我，但神的意思原是好的，要保全許多人的性命，成就今日的光景。」（創五十 19 ～ 20）

世界各處的例證——眾聲喧嘩背後的主

由此可見，人的參與能夠帶來社會改變，而當中最重要

的是神透過人作出這種參與，而非人憑己意而行。這種想法也在兩次跟隨學院到內地及中東的交流考察中得到印證。

在考察的學習過程中，我認識到各地不同教會的弟兄姊妹，又或是在中東遇到以生命感化武裝分子的信徒，見到來自不同地方的宣教士，或有機會聽到在體制內嘗試帶來改變的信徒學者前輩的理論與分享，並歷世歷代信徒的見證……他們一個又一個奉獻時間和生命的實踐個案，讓我深切感受到當基督徒介入社會，做好見證，就是轉化世界的契機。透過他們的見證，讓我明白到整全的福音是生命的轉化，更讓我看到在「眾聲」背後的，是恩典並那位奇妙的上帝。祂比任何體制都大。祂一直都在介入——從個人的內在轉化到世界的轉化，進入更美好的世界。

在邪惡世代要學習的功課

「要愛惜光陰，因為現今的世代邪惡。」(弗五16)聖經以弗所書五章清楚警告眾人這世代是邪惡的，但我們「要睡醒」、「別要像死人」、「要像智慧人」，然後要「愛惜光陰」。《新譯本》將「愛惜光陰」(redeeming the time)改成「把握機會」，NIV更貼切地將16節翻譯成"Making the most of every opportunity, because the days are evil"。信徒作為蒙召的羣體，我們的工作不只是將福音傳開，讓人信主歸向基督，更要把這個世界恢復到原本的創造，並顧及社會與文化層面的建立，讓上帝的道在公共空間展現，讓神的國度和旨意轉化世界，迎接新天新地的來臨。或者，這未必會在我們的世代發生，但我們仍確信有改變的可能。所以，作為現世的踐行者，我們只能謙遜，在每次幾近成功又再失敗的歷程中檢視自己，發現上帝，繼續實踐上帝的命令和教訓。

趁還有時間，面對社會及世局，「我應該做些甚麼？」是我在學院「下山」後，拋給自己的問題，我想這也是我終生要學習的功課。

願上帝帶領及使用。

林希娜
博士
德意志銀行合規部顧問

06

上帝的差派

被神轉化後，
深深領略城市轉化的
重要性

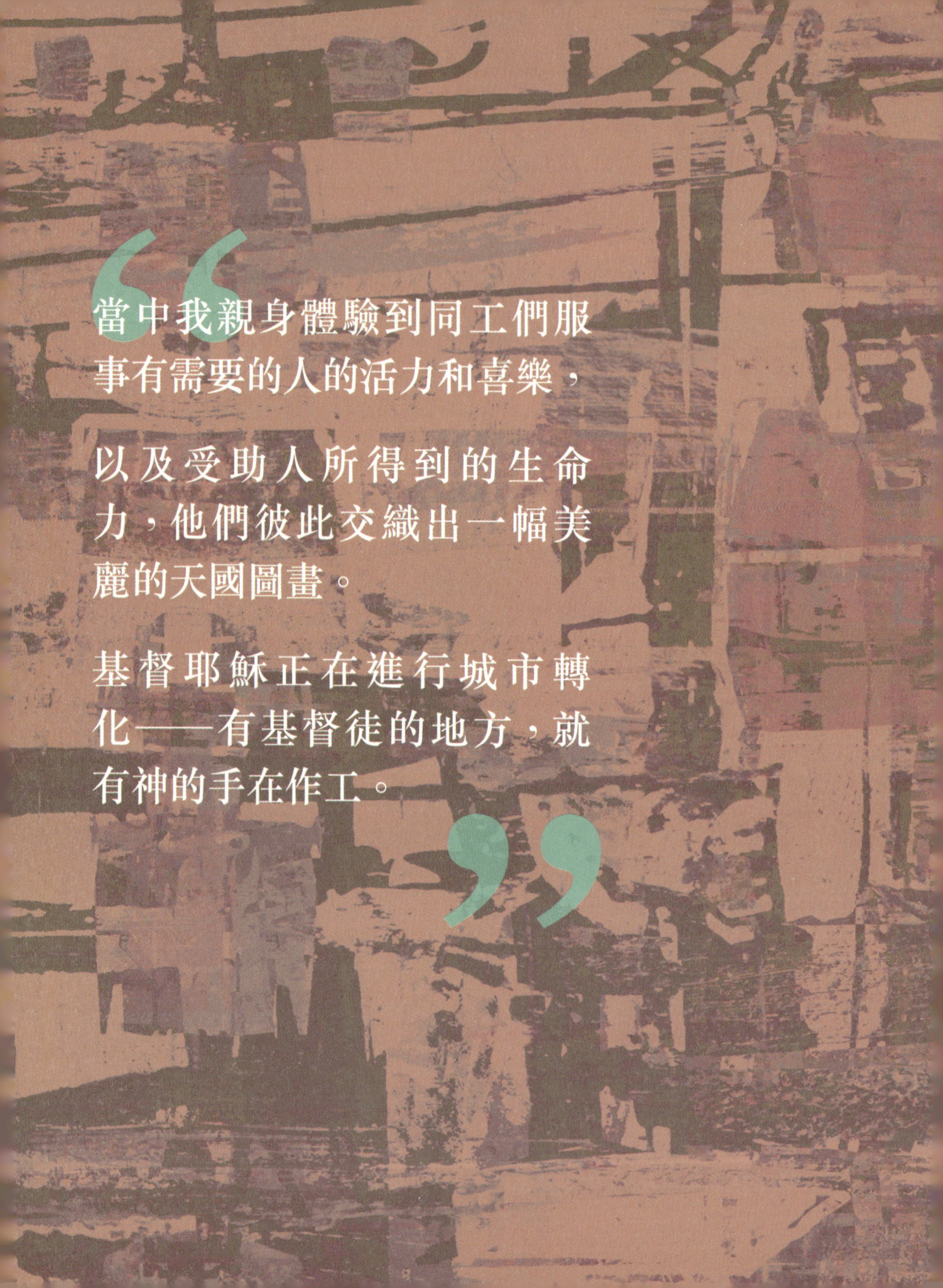
“當中我親身體驗到同工們服事有需要的人的活力和喜樂，
以及受助人所得到的生命力，他們彼此交織出一幅美麗的天國圖畫。
基督耶穌正在進行城市轉化——有基督徒的地方，就有神的手在作工。”

轉化錦囊：

被神的愛深深接觸和感動。

背景

我生於香港一個中國印度人的回教家庭裏，好不容易才完成中學、預科。在職場工作了幾年後，因為九七回歸，我移民到澳洲以及繼續升學。在新南威爾斯大學的第一年學習中，我決志信主，至今已經有二十六個年頭。我不再忐忑，不再求問我爸爸的神——阿拉真主（Allah）耶穌基督是誰？因著眾多不同的親身體驗和經歷，我領受到主耶穌基督是惟一通往永生的真神，是我的惟一保障和拯救。祂是我的高台、避難所，也是我的力量和得勝的泉源。現在我的人生使命，是要把耶穌基督釘十字架的福音，傳給信奉伊斯蘭教的人。這不是因為我有大愛，是因為我曾被神的愛深深接觸和感動，我知道當人被愛，被接納，被肯定，被信任和被尊重時，是何等大的釋放。神鑄造了今天的我，我很想參與祂轉化千千萬萬穆斯林的工程。

城市就是我們的實驗室

2012 年我應一位「似曾相識」的女士邀請，決定報讀伯特利神學院的首屆轉化型領導學博士課程，一心想進一步認識耶穌基督。攻讀期間，我跟隨柏祺博士體驗到埃及、約旦和以色列的基督徒在中東牧養教會的實況，又有機會跟在

宗教政治壓力下受壓迫的巴勒斯坦穆斯林傾談，又與在巴勒斯坦自治區以和平方式進行遊説的議員（Sami Awad）相交對話。2014 年我到訪土耳其的伊斯坦堡和迦帕多家（Cappadocia），考察聖經啟示錄中七教會的歷史文化，體會這地區給我們的智慧。其間我們從遺址的石頭中，默想使徒保羅建立教會的本意，探討早期信徒如何給後世基督徒作典範。他們算是我們在耶穌基督家族裏的祖先，我們因著他們信仰傳統的根基，又得到了建基於舊約聖經的文獻，即現有的新約聖經。2015 年我再跟隨柏祺博士到馬尼拉探訪不同的志願機構，了解他們如何幫助有需要的窮人，包括吸毒者、愛滋病人、妓女、殺人犯、露宿者以及在街上出生的無證兒童。當中我親身體驗到同工們服事有需要的人的活力和喜樂，以及受助人所得到的生命力，他們彼此交織出一幅美麗的天國圖畫。基督耶穌正在進行城市轉化——有基督徒的地方，就有神的手在作工。

重整方向

在完成課程後，神再次重整了我人生的三個大方向：包括個人、工作及事奉。

個人方面

在修讀聖經歷史科時，我發現自己彷彿進到了神的家譜中。所有耶穌基督的門徒、先知、聖賢以及歷世歷代信主的人，皆為我的祖先。我與他們有連繫，在靈裏有溝通，他們的言行舉止都成了我的榜樣。我已經成了他們的一分子。這使我充滿信心，能沒有畏懼地去做神的工，奉祂的名傳揚福音。

事奉方面

我知道我是蒙揀選的神的女兒，從我做論文開始，使命已進入了我的生命。我擴闊了事奉的領域，除了在教會事奉外，我亦投入了深水埗區幫助南亞裔少數民族的工作，包括兒童補習、教導婦女日常生活中英文，以及家庭輔導。在這些義工工作中，神慢慢向我啟示不一樣的事奉曙光。

有些朋友因我參與這些事奉而勸我要小心。這說明了有小部分香港人對少數族裔存在的價值，仍然抱持不信任、不

肯定和不接納的態度，正因如此，我要更努力為未得之民作見證，領他們歸主，叫他們相信耶穌是獨一真神，也就是他們《可蘭經》(Quran)多處所論及的耶穌基督。

跟隨主的腳蹤行(參彌六8)，行公義、好憐憫、存謙卑的心去幫助有需要的人，以及遵行大使命(太二十八19～20)，去使萬民作耶穌基督的門徒，這些都是基督徒的本分。

工作方向

我從事銀行金融工作超過二十年。在收集和研究論文資料時，了解到伊斯蘭教的金融原則——禁止不勞而獲的利潤或收入，也禁止把資金投入被視為「邪惡」的營業活動中，如賭博和色情事業。我祈禱希望能到伊斯蘭金融機構工

作，再進一步明白伊斯蘭教，以便傳揚基督的福音。同時我更希望在工作的行業中找到團契，在工作的地方開辦小組查經，既可以有同路人的支持，又可以邀請未信的同事一起查經。我已開始聯絡公司有心的基督徒同事，以祈開始查經團契。

未來發展方向

從事南亞裔少數族裔工作，我需要操練烏都語（Urdu），這樣我便可以更有效地講見證，帶祈禱和作輔導支援。了解他們的起居飲食習慣（例如不吃不潔之物，如豬肉、蛇、蛙、龜、無磷的魚、帶血的肉），就不會無意間冒犯了他們。同時亦學習尊重他們的習慣和衣著觀，如女士蓋頭、節期、逾越節、齋戒月之類。明白他們的禁忌，知道他們的榮辱觀和他們要遵守的宗教禮儀，可減低大家相交時的隔膜。要向巴基斯坦人傳福音，就要關懷、接納、愛和看重他們。最重要是靠祈禱，以忠誠懇切的態度去贏取他們的信任。

最後我非常感謝陳敏斯博士，她邀請我報讀轉化型領導學博士課程。修讀期間，我感受到神學院多位導師無私的付出：陸輝院長予我很多創意空間，李雋博士的許多寶貴建議，呂慶雄博士充滿信任的心靈導引，以及陳敏斯博士不斷的鼓勵和提點，使我得以順利完成課程。

Research Report II

「香港基督徒靈性狀況」研究報告

伯特利神學院
柏祺城市轉化中心

柏祺城市轉化中心與福音證主協會進行了一個名為「香港基督徒靈性狀況」的網上問卷調查。研究結果幫助我們了解信徒的靈性現況，以及有助他們靈性成長的因素。問卷研究於 2021 年 10 月在網上進行，此網上問卷透過神學院、機構和個人網絡發放，為期約三個星期。總共收到二千零四份有效問卷回應。其中約 90%為有穩定教會聚會的信徒。

參加者背景如下（並不代表實際信徒分佈現況）：

性別	N	%
男	636	31.7%
女	1368	68.3%
	2004	100%

年齡	N	%
18～29	357	17.8%
30～39	264	13.2%
40～49	406	20.3%
50～59	636	31.7%
>60	341	17%
	2004	100%

學歷	N	%
中學或以下	415	20.7%
專上非學位	246	12.3%
學位或以上	1343	67%
	2004	100%

過去一年有參與教會	N	%
有	1941	96.9%
沒有	63	3.1%
	2004	100%

信主年份	N	%
0～15 年	353	17.6%
15 年以上	1651	82.4%
	2004	100%

有參與教會小組（如團契、詩班、訓練）	N	%
有	1682	83.9%
沒有	322	16.1%
	2004	100%

在教會有否事奉崗位	N	%
有	1443	72%
沒有	561	28%
	2004	100%

問卷參加者的靈性生活狀況和靈性成長速度

問卷參加者大多為信主超過十五年，亦有穩定參與教會的信徒。近 80%的參加者都認為自己與耶穌有緊密的關係。

以下哪一句最能形容你現時的靈性生活？	N	%
我正開始摸索如何在屬靈中成長	140	7%
我是一個基督徒，但信仰不是我生命中最重要的部分	62	3.1%
我相信上帝，但我沒有決意去和耶穌建立關係	81	4%
我已經決定和耶穌建立關係	115	5.7%
我和耶穌有實在的關係，讓我生命有所不同	**811**	**40.5%**
我和耶穌有親密的關係，每天都讓我的生命有所不同	296	14.8%
耶穌是我生活中最重要的關係	499	24.9%

問卷中使用了兩個靈性量度的量表，其中 Spirituality Scale（SS）是靈性體驗的量表，問題包括「我感到神的存在和同在」和「我從信仰或靈性修養中找到力量和安慰」。而 Faith Maturity Scale（FMS）則包括直向（Vertical）與上帝關係的信仰成熟程度，以及橫向（Horizontal）與別人和社會關係的信仰成熟程度。**從年齡組表來看，50 歲以上信徒在這些量表中的分數都顯著較高，而 18 至 29 歲的信徒特別在橫向的信仰成熟程度的分數則顯著較低。**由於這些量表都是參加者對自己靈性狀況的自我表達，那麼似乎也指向較年輕信徒對信仰和靈性的滿足度較低，而較年長的信徒對信仰和靈性的滿足度較高。

年齡	N	SS (Max=6)
18～29	357	3.78
30～39	264	3.78
40～49	406	4.09
50～59	636	**4.17**
>60	341	**4.25**
	2004	>50 較高

年齡	N	FMS Hor	FMS Vert
18～29	357	4.46	5.27
30～39	264	4.65	5.32
40～49	406	4.58	5.39
50～59	636	4.70	**5.51**
>60	341	4.77	**5.54**
	2004	18-29 較低	>50 較高

教會在信徒靈性成長的幫助

從以下結果顯示，參加者大致都認為教會在他們的靈性成長中是很重要的幫助。而線性迴歸分析更指出信徒**在崇拜中感受神同在的程度，能預測到其靈性和信仰成熟程度的分數**。這正與本書研究報告 IV「留堂會、離堂會」的研究結果相似，後者的結果指出，信徒參與教會崇拜的主因，是想感受神的同在。而是次研究結果則指向教會崇拜展現神的同在，對信徒的靈性成長有很大的幫助。

1-十分不同意 7-十分同意	我教會挑戰我成長，幫助我在靈性上踏前一步	我教會幫助我與耶穌基督建立個人關係	我教會提供機會讓我去服事有需要的人	總括而言，我教會在我的靈性成長中擔當很重要的角色
18～29 歲	5.02	5.27	5.14	5.20
30～39 歲	4.98	5.17	5.23	5.19
40～49 歲	4.99	5.16	5.29	5.15
50～59 歲	4.99	5.16	5.3	5.14
>60 歲	5.21	5.38	5.45	5.4

當你離開教會崇拜時，你通常會否感到與神結連，以及感受到上帝的同在？	**N**	**%**
從不	29	1.5%
很少	224	11.5%
有時	926	47.7%
經常	762	39.3%

線性迴歸分析	Top 1 Predictor	Top 2 Predictor	Top 3 Predictor
Spirituality Scale	崇拜中感受神的同在	我教會幫助我與耶穌基督建立個人關係	我教會提供機會讓我去服事有需要的人
FMS Vertical	崇拜中感受神的同在	我教會挑戰我成長，幫助我在靈性上踏前一步	我教會提供機會讓我去服事有需要的人
FMS Horizontal	崇拜中感受神的同在	我教會幫助我與耶穌基督建立個人關係	我教會提供機會讓我去服事有需要的人

幫助靈性成長的個人因素

問卷中亦問到參加者關於幫助他們靈性成長的因素和資源。以下是三方面的題目中，最多參加者選擇的項目，可以見到幫助他們的因素，大多是個人因素多於羣體因素。**其中最重要的因素包括「當我經歷逆境或挑戰」，默想禱告，個人靈修祈禱等。**

以下哪三方面最能影響你的靈性成長速度？	N	%
當我經歷逆境或挑戰	881	44%
個人靈修祈禱	877	43.8%
當我每天更多經歷到神的同在	843	42.1%

除了聖經以外，以下哪一樣最能幫助你的靈性成長？	N	%
參與教會崇拜及團契生活	530	26%
默想禱告	495	25%
Podcast，網誌，YouTube頻道，其他社交媒體	292	15%

以下哪一樣資源或活動是你的重要靈修方法？	N	%
讀經	615	31%
其他教會／機構提供的靈修資料（網上／印刷品）	587	29%
默想禱告	353	18%

當中值得留意的，是一些靈性習慣與靈性量度分數的關係。線性迴歸分析指出，**參加者與非信徒談論信仰的次數，能顯著預測到其靈性量度的分數**。另外，至少**每月與幫助靈性成長的人會面，以及每週至少一次靈修的參加者**，靈性量度的分數都較高。可見這兩個因素，對信徒靈性成長有重要的影響。

線性迴歸分析	Top 1 Predictor	Top 2 Predictor	Top 3 Predictor
Spirituality Scale	過去一年曾經與非信徒談論靈性或分享信徒歷程	奉獻模式	靈修的習慣（Frequency）
FMS Vertical	過去一年曾經與非信徒談論靈性或分享信徒歷程	奉獻模式	靈修的習慣（Frequency）
FMS Horizontal	過去一年曾經與非信徒談論靈性或分享信徒歷程	透過教會以外的渠道參與服事社區有需要的人	奉獻模式

靈性習慣與量度分數	不多與幫助我靈性成長的人會面	至少每月與幫助我靈性成長的人會面	少於每週一次靈修	每週至少一次靈修
Spirituality Scale(Max=6)	3.92	**4.22**	3.64	**4.18**
FMS Vertical(Max=7)	4.54	**4.77**	4.32	**4.75**
FMS Horizontal(Max=7)	5.30	5.59	5.02	5.56

最後，當我們分開組別看「**感覺與神十分親近／最親近**」的參加者，他們大多認為「默想禱告」對他們的靈性成長最有幫助，而「讀經」是他們最重要的靈修方式。而在 18 至 29 歲「感覺與神十分親近／最親近」的參加者中，27%認為是「參與教會崇拜及團契生活」，其次是「Podcast，網誌，Youtube 頻道，其他社交媒體」以及「默想禱告」。可見這些因素都是幫助各組別的信徒更親近神的重要因素。

除了聖經以外，以下哪一樣最能幫助你的靈性成長？

感覺與神十分親近／最親近的參加者	N=1063	%
默想禱告	316	30%
參與教會崇拜及團契生活	**260**	**24%**
其他教會／機構提供的靈修資料（網上／印刷品）	132	12%

18～29 歲感覺與神十分親近／最親近的參加者	N=136	%
參與教會崇拜及團契生活	**39**	**29%**
Podcast，網誌，YouTube頻道，其他社交媒體	32	24%
默想禱告	28	21%

以下哪一樣資源或活動是你的重要靈修方式？

感覺與神十分親近／最親近的參加者	N=1063	%
讀經	**356**	**33%**
其他教會／機構提供的靈修資料（網上／印刷品）	284	27%
默想禱告 及 敬拜	213	20%

18～29 歲感覺與神十分親近/最親近的參加者	N=136	%
讀經	**41**	**30%**
其他教會/機構提供的靈修資料（網上/印刷品）	36	26%
默想禱告及敬拜	23	17%

總結

在靈性狀況這麼廣闊的題目中，今次的研究只是探討的開端。研究的結果讓我們了解到幫助信徒成長的因素和助力。結果和分析也讓我們想探究更多問題：甚麼因素妨礙信徒的靈性成長？信徒對上帝哪些屬性最難理解或信靠？信徒在生活上哪些方面較難融合信仰？在信仰上如何與 18 至 29 歲的年輕信徒同行？盼望我們藉是次和往後的研究有更多的學習，叫我們在挑戰和不確定中，可以一起透過牧養和同行，靈性得以建立，信仰得以成長。

Research Report III

「香港青年基督徒靈性狀況及成長」質性研究初步結果

伯特利神學院
柏祺城市轉化中心

2021 年 10 月，柏祺城市轉化中心與福音證主協會進行了關於「香港基督徒靈性狀況」的網上問卷調查（參本書研究報告 II）。該研究發現，幫助參加者靈性成長的主要因素包括：「當我經歷逆境或挑戰」、個人靈修祈禱，以及「當我每天更多經歷到神的同在」。研究結果也顯示，18 至 29 歲的信徒自我填寫的信仰和靈性量度，得分較其他年齡組別低，這促使我們希望透過質性研究，更立體地了解此年齡羣信徒的靈性成長狀況。

研究方法

柏祺城市轉化中心於 2022 年 2 月至 3 月間，一共訪問了十五位 18 至 29 歲的青年基督徒。參加者大多曾參與去年的網上問卷調查，並表示有興趣參加後續的質性研究；其他參加者則透過研究團隊的個人網絡而受邀參加。此研究以個人訪談方式進行，問題包括參加者認識上帝的過程、幫助和阻礙他們屬靈成長的因素等。質性研究旨在探討和深入了解研究課題，結果未能代表整個香港青年基督徒羣體的狀況，但能夠幫助我們較具體地了解他們面對的處境，以及牧養上的需要。

初步研究結果

整體而言，這次研究的年青基督徒都很著重反思信仰。他們大多都認識上帝多年，而在不同階段中，也努力尋求信仰與生活的結連、意義和答案。他們也會面對不少疑惑和迷思，卻缺乏與他們生命同行的引導，與他們探討這些問題。以下是當中一些初步結果及主題。

在尋求學業和工作方向中經歷上帝

此研究的參加者大多都是「信二代」，或孩童時代跟著家人上教會，或在基督教學校讀書，從而認識信仰的。家庭和學校是青年基督徒認識上帝的主要途徑。他們都形容兒時對上帝的了解不多，大多到中學階段，才真正開始經歷上帝，並決志信主。很多參加者不約而同地分享，最能經歷神的經驗，是發生在 DSE 後思索學業和工作去向期間。他們分別分享到：為尋求前路祈禱，然後經歷到上帝聽他們的禱告，從迷失中一步步帶領他們，讓他們尋到清晰的路向。其他經歷神的經歷，包括教會的營會及基督教機構舉辦的 4C 營會。最特別的是參加者認為這些深刻的經歷，特別是神聽禱告和引導，幫助他們確立信仰的根基，讓他們堅信神的真實。

> 可能係我啱啱返呢份工個陣時，份工同我想像中係有啲唔同，我就會祈禱同神講，其實呢份工係咪真係唔啱我呢，我有問神係咪要有啲人去教下我，我老細又好好，keep 住係咁慢慢引導我，過左成年幾我先至慢慢克服，神係可以帶領我慢慢去克服一啲，可能我自己從來都唔覺得自己會做到嘅事。（節錄受訪者分享）

幫助年青基督徒屬靈成長的因素

以下是其中六項參加者提及能幫助他們屬靈成長的因素。與上階段問卷調查相似，能幫助信徒屬靈成長的重要因素是經歷神的同在，而以上種種因素及教會的崇拜和聚會，都提供了這方面的資源。對於受訪的青年基督徒，幫助他們的因素更多是有關記得神的同在、記起上帝和反思信仰。

> 我覺得同神 close 就係，有好多野你做嘅野都會諗起佢先囉，即係你會諗你咁樣做佢會唔會喜悅呢？即係佢係咪真係鍾意你做嘅野呢？（節錄受訪者分享）

祈禱、記著神過往的工作 • 認定神的回應、同在和幫助	**個人反思** • 思想信仰與生活的結連和意義
與別人交流、分享和討論信仰 • 服事及在別人身上見到神的作為 • 提醒、挑戰和鼓勵反思信仰	**社交媒體（Instagram, YouTube）** • 不同資訊提醒和幫助他們反思上帝 • 以及回應不同主流價值
聖經、神的應許及講道 • 幫助他們在不同階段認識上帝	**教會以外的基督教活動和訓練** • 擴闊眼界認識教會外不一樣的信徒

阻礙年青基督徒屬靈成長的因素

前段告訴我們，幫助年青基督徒的因素是記得神的同在、記起上帝和反思信仰；這裏我們則看到阻礙他們屬靈成長的是：不同的拉力，導致他們分心，以致缺乏時間和空間反思。當習慣了這些生活模式，加上疫情的影響，他們在生活中就更容易忘記上帝，繼而少了祈禱、讀經和崇拜。另外，香港的政治環境、疫情及教會內的問題，也為他們帶來信心上的衝擊和懷疑。

懶惰	生活忙碌
• 選擇休息和作其他事 • 懶於祈禱、讀經和參加崇拜	• 因忙碌而缺乏時間反思 • 較易忘記上帝
娛樂	**罪**
• 生活上有不同的吸引、娛樂 • 包括上網、劇集、購物消費	• 擔心自己作了神不喜悅的事 • 有點不配做基督徒
缺乏屬靈指導	**沒有把神放在首位**
• 很多題目和疑問沒有答案	• 被種種因素吸引而沒有重視上帝

總結

由於是次研究結果十分豐富，上文只是部分已整理好的主題。此研究幫助我們了解受訪年輕人的屬靈成長因素。更感恩的是，透過訪問，我們知道受訪年青基督徒都覺得上帝是恩慈憐憫和信實的，會包容他們的不足並仍然深愛他們，會繼續拖帶他們。研究團隊非常感謝參與的受訪者，他們願意分享自己的故事和對上帝的經歷，讓我們體會到上帝的豐富和體貼的愛。盼望我們後續的分析和整理，會帶來更多啟發，叫我們能一起與香港的年青基督徒同行。

整合
Integration

Photo by Chan Tsun Yue

James Dalrymple/Shutterstock.com

"The church is regarded as out of touch, Christians meet with constant difficulty in integrating their faith and life. By searching for a kind of theology that is inclusive of all types of people, we will enrich it tremendously." — Bishop Laurie Green

「很多人認為教會離地，基督徒要整合信仰和生活，更是困難重重。既豐盛又立體的神學必須包容各種不同的人。」—— 葛林主教

余振達
博士
香港神託會行政總裁

07

所見 有看

你們來看
Come,
and you will see

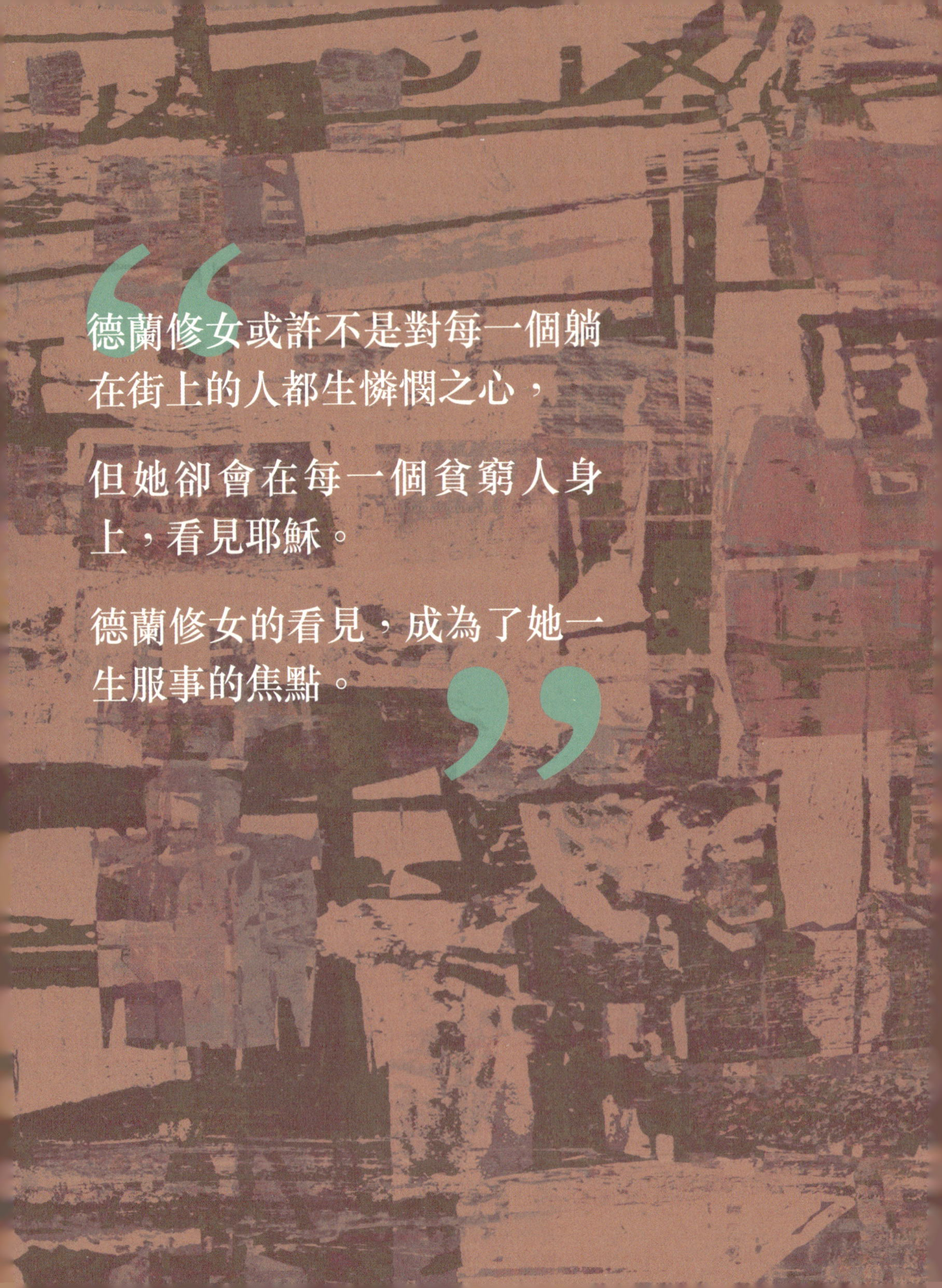
德蘭修女或許不是對每一個躺在街上的人都生憐憫之心，
但她卻會在每一個貧窮人身上，看見耶穌。
德蘭修女的看見，成為了她一生服事的焦點。

轉化錦囊：

服事，就是要願意上前、看見，接受上帝的這個邀請。

約翰福音記載耶穌呼召第一批門徒（約一 35～39），當中的一段記錄得很仔細，就如劇本一樣，當中的走位、動作和對白都敘述得十分細膩，讓讀者感受到劇場感之餘，也凸顯了門徒的主動角色。

一直跟著施洗約翰的兩個門徒看見耶穌走過，「就跟從了耶穌」。他們的動作使耶穌格外留意，耶穌便「轉過身來，看見他們跟著，就問他們說：『你們要甚麼？』」或許二人想像不到耶穌會如此提問，立時反問耶穌：「你在哪裏住？」（約一 38，《和修》）那一刻，耶穌沒有表現驚訝，仍欣然回答：「**你們來看**。」（Come, and you will see.）兩個門徒就跟著耶穌，到祂的住處，而他們被主呼召的生命由此開始。要看到（see）上帝的旨意，門徒的「來」（come）是重要的。

「上帝向人發出呼召，人以生命來回應，這就是召命。」楊錫鏘牧師在《召命：以生命回應神的召喚》一書的序言中，鏗鏘地替「召命」這個宗教術語下了定義。上帝與人就像探戈舞的拍檔；台上每一個動作，皆源自這對拍檔的感應和默契，台上一段美妙的探戈舞，靠賴兩者的無瑕配合。

實情是，神學進修是與上帝一起跳探戈的一小段舞步。匆匆數載雖只是生命歷程的一瞥，卻讓我看見上帝的奇妙浩大。每次回味這段歷程中的每個片段，都能細嘗上帝在路徑上滴下的脂油。

看見上帝的腳蹤

課程的其中一個要求，是選讀一本宣教士傳記，認識宣教士的領導風格，並寫成讀書報告，準時交上。一份平平無奇的課堂功課，上帝卻讓我從中看見祂的腳蹤與我多麼的近。我有幸找到一本有關六十年代母會創會宣教士的傳記，展卷細讀，真切感受到宣教士昔日身處的受限環境，並因福音的緣故走上服事的路。她們在服事中，獻上自己的醫護專業，像道成肉身的耶穌一樣，生活在貧苦大眾當中，並以「貼地」的福音和服事，回應羣體的身心靈需要。此刻，我突然發現身邊的弟兄姊妹，原來就是書中所記述的昔日的小孩，讓我感到我的教會生活頓時變得更加有血有肉。上帝讓我看見祂昔日如何建立教會，使我深信今天祂的恩手仍拖帶

城市研究讓同學看見世界：在印度德里與錫克教朋友田園聚餐。

與宣教士、老師、同學們交流。

著我。就在這裏我看到了上帝的腳蹤。

我們就像事事好奇的孩子，在成長過程中不斷探索，並在上帝的引領下回應召命。

看見世界的真實

印度是城市研究課程的其中一站。到印度考察，定會想起各樣旅途上的安排：要打防疫針麼？要帶樽裝水麼？想到未來兩週的旅程，實在期待，但也有點忐忑。記得飛機是在晚上飛抵印度的，步出機場，我看見的是一個陌生的國度，和昏暗路上的眾多面孔。

在兩週的行程中，我認識了當地不同的機構和教會，更有機會與其他宗教的朋友交流，實在難能可貴。但印象最深一幕，是剛到加爾各答，看見在行人路的紅綠燈前，躺著一個半身赤裸的男子。他躺在地上，動也不動，旁邊的路人不慌不忙地走過，生活如常。我不知這個男子有沒有氣息，但我們人生路不熟，也不知道應作甚麼。我們是否應如那位撒

加爾各答街景。他在想甚麼？你看見甚麼？

馬利亞人一般，「看見」並作他的「鄰舍」？當然我可以想到千萬個理由推搪，但當刻實在沒有動慈心。然後當地接待的同工便帶領著我們徐徐走到馬路的另一邊，或許他們早已對此見慣不怪。

這次的「看見」，令我反思。“Like it or not”，社會的需要是很真實的，真實得令人抖不過氣，甚至不願去看，以為國王真的披上了新衣。上帝邀請我們參與祂的救贖工作，而這救贖工作不只是叫人得到永遠的生命，更是要人由今天開始，得到更豐盛的生命。服事，就是願意上前、看見，接受上帝的這個邀請。

看見創造的可能性

寫論文當然是最富挑戰性的一項要求。由初期「膽大大」

希望挑戰如大海一樣廣闊的課題，到修改至勉強可以遞交的研究建議書，當中經歷了不下百次的修改。研究建議書通過後，才算是真正的起步，只是難關接踵而來。資訊實在太流通、太豐富了，可以想像的可能性可說無窮無盡；但論文研究有一個固定的框架，如何將海量的參考與分析，有系統地放進這個有限的框架中，是最具挑戰性的工作。

生命的歷程也像研究一樣。上帝讓我們尋找生命的可能性，我們就像事事好奇的孩子，在成長過程中不斷探索，並在上帝的引領下回應召命。但這個過程從來不是一蹴而就，要準備好有高山與低谷要走過，也要有信心依靠上帝經歷不同的嘗試和可能。這一切，都源自這位不受限制的上帝，從祂手中所造，這一切早是明明可知。

看見服事的焦點

每個認識的同儕都在學習過程中經歷起跌，我當然不會例外；跌跌碰碰的經驗是事奉成長的沙沙石石，本不能逃避，卻要學習用篩子篩走，叫我們服事的焦點能抓得更緊。於我來說，學習神學課、聖經課、領導課、靈修課等，就是將好奇心轉化為服事焦點的過程。至於論文研究，則是一個自省和整合的機會，讓我梳理所學所見，塑造服事的模式。

探訪加爾各答的孤兒院時，與昔日和德蘭修女一起服事的修女簡短傾談。言談之間，我們一行人問到：是甚麼推動德蘭修女數十年對貧窮人不離不棄？修女們回應道：德蘭修

城市研究就是要看到世界的真實。

女或許不是對每一個躺在街上的人都生憐憫之心，但她卻會在每個貧窮人身上，看見耶穌。德蘭修女的看見，成為她一生服事的焦點。

英國宣教士威廉克里（William Carey）在二百多年前抵達印度塞蘭坡（Serampore）港口，開始他一生宣教旅程，並將聖經翻譯成三十多種文字。他的名言"Expect great things from God; Attempt great things for God"成為眾多信徒的座右銘。我們所信的，固然不是以行為稱義的信仰，但上帝的呼召，與個人的回應，卻是像探戈舞的一領一隨。

昔日，耶穌呼召門徒，並沒有訴諸高言大志，純粹邀請他們自己去看。先來，再看，讓門徒親自看見福音書中強調的世界的光，就是那關乎生命的道路。耶穌所作的，就是在紛亂的世情中，校正門徒的焦點，讓他們清楚看見這點光。

江惠明
牧師博士
中國基督教播道會傳恩堂堂主任

08

不斷實踐

上帝親自教導我開荒

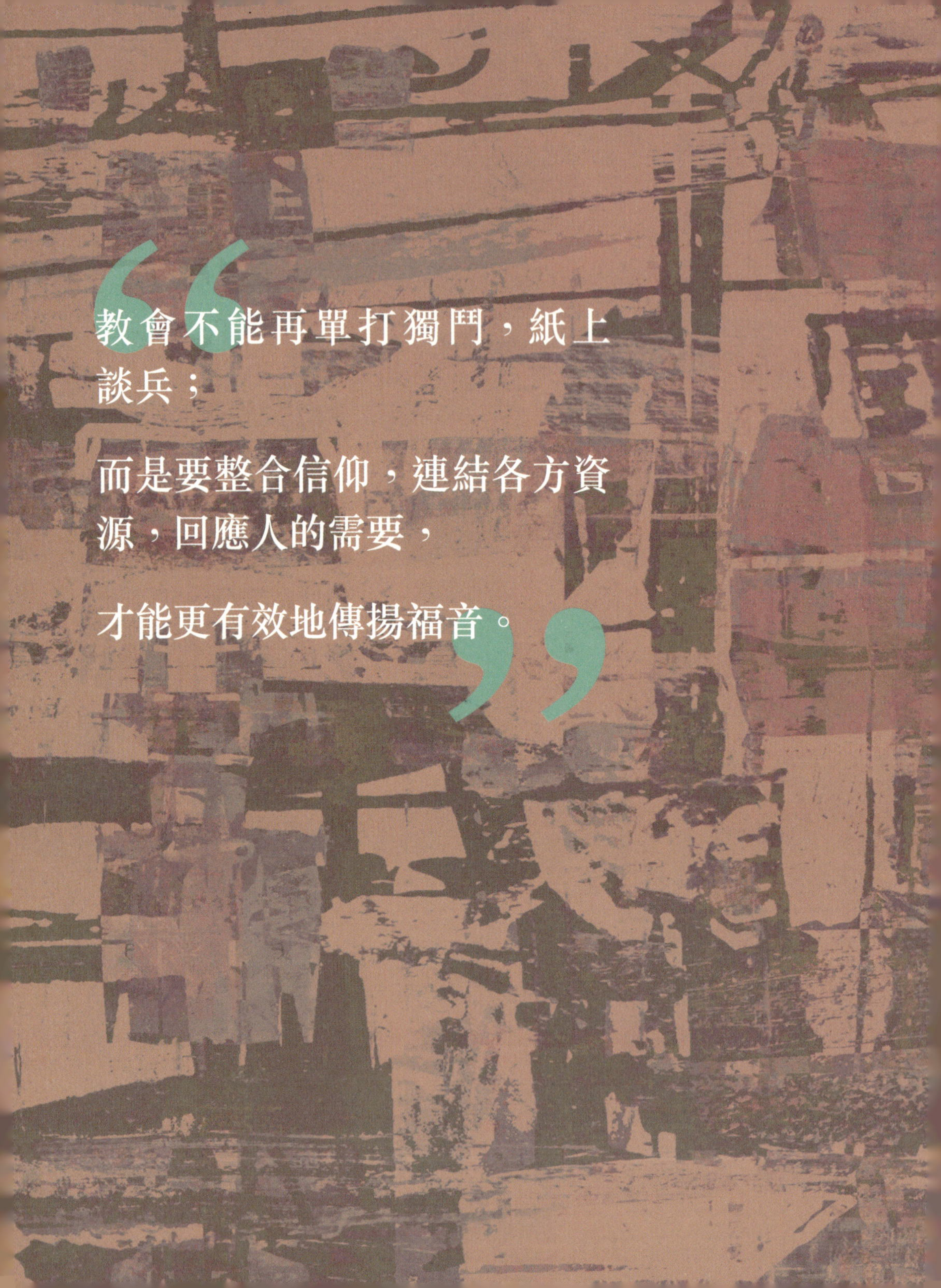
教會不能再單打獨鬥，紙上談兵；
而是要整合信仰，連結各方資源，回應人的需要，
才能更有效地傳揚福音。

轉化錦囊：

不斷將學習所得，落實在每日事奉中。

神早有預備

2016 年初，我站在事奉的交叉點上，為某事禱告了半年多，卻仍在等候上帝的帶領。同年，在一次教牧培靈退修營中，我和我的生命導師羅錫堅牧師，重遇一位牧者。他分享近況時，提及正在伯神柏祺城市轉化中心進修博士課程，且獲益良多。出營後，羅牧師和我分別上網了解有關課程。其後，羅牧師大力鼓勵我報讀，我也被課程的內涵和實用性吸引。經禱告後很快便報讀並獲取錄，於同年 5 月底正式上第一門課。

重拾書本後不久，神終於回應了我的禱告，帶領我到柴灣開荒，建立教會。後來，每當有人問我有關修讀伯神這個課程的事，我總會說：「如果我早知會去開荒建立教會，就一定不會報讀，因為一面牧會一面讀書，實在太辛苦了！」然而，回頭一望，卻又看見上帝藉著這個課程一步一步教導我，幫助我帶領教會。

從教會的四面牆走出來

還記得第一天走進伯神的課室，認識了來自不同背景的同學，有教牧，有在不同領域工作的信徒領袖，他們分享的見識和經驗，令我頓時覺得自己真是一隻「井底蛙」，一直困

在教會的四面牆內閉門造車，卻不知道這世代已大大不同。教會不能再單打獨鬥，紙上談兵；而是要整合信仰，連結各方資源，回應人的需要，才能更有效地傳揚福音。

自那天起，每一門課的內容都令我大開眼界，而且感到內容十分貼地。在學習過程中，我像海綿一樣，只想盡力吸收，可是無論怎麼盡力，也好像吸收不完似的。然而，這課程彷佛為我開了一道門，讓我找到追求成長的方向，探索上帝要我們處身這世代的心意。

我必須說，每一位教授和同學都成為了我的老師；藉著他們，神讓我將很多合作夥伴和事奉網絡連結起來，為以後的服事帶來了莫大的祝福！雖然現在學位已完成，我卻更覺不足，感到需要不斷地開放自己，不斷地裝備學習。

神藉課程堅固我

雖然我禱告了半年多，求神帶領我去開荒，但事情真的成就以後，我卻又感到膽顫心驚，不知如何建立和帶領教會。就在教會建立了約兩個月之際，我參加了課程指定的城市學習之旅，到訪菲律賓的馬尼拉。沒想到神藉著我在馬尼拉看到的一切，震撼了我的心，讓我看到神對馬尼拉這個城市的愛，看到祂愛菲律賓這個國家的每一個人。當我們仍因當年的「人質事件」而輕看這個國家之時，神早已在這裏興起無數的工人，藉著他們謙卑的服事，將一間間真正蒙神喜悅的教會展現在我們眼前。此外，神也藉那兒雲彩般忠心的僕人來堅固我，對我說：「不要怕，只要你專心倚靠我，我就會

在教會中行奇事。即使一間小教會，只要忠心跟隨我，也能被我大大使用！」回港後我將旅程中所領受的感動，跟幾位一起創堂的肢體分享，從而也鼓勵了他們，要靠主勇往直前。

在兩次學習之旅中，我深刻體會到何為「異象」、「使命」、「禱告」、「植堂」、「合作夥伴」、「僕人領袖」、「服事貧窮人」，而這等意念亦一直縈繞心頭，揮之不去，成為了我日後帶領教會時的提醒，並不斷致力實踐的方向。

拆毀與建立

幾年的學習，帶給我很多思維上的衝擊，不論是課堂上的討論，還是閱讀中所看到的，都迫使我不得不停下來，反覆思想：**教會的本質是甚麼、教會的使命是甚麼、神喜悅的教會又是怎樣的**……在這不斷反思的過程中，當我抓住教會和信仰的核心，審視教會的牧養和事工時，發現許多一直被視為教會常態的事情或做法，都不再站得住腳。取而代之的，是要帶領教會回到聖經的根本，調整牧養策略和內涵。我曾經將課程所學，跟會眾的實際處境結合起來，自行編寫一套屬於自己教會的門訓課程；又將自己從學習中的沉澱心得，設計了幾堂差傳教育主日學，以祈建立信徒正確的差傳意識，結果也看到學員從中得著很大的啟發和幫助。

我常常提醒自己，也勉勵信徒和長執，我們服事是為了福音，否則一切只會變成為搞活動而搞活動。這課程帶給我滿滿的收穫，使我學以致用，不斷將學習所得，落實在每日的牧養中，帶領會眾逐步踏上城市宣教之路。

神為我預備了天使

在整個進修過程中，每一門課的學習，每一個旅程的體驗，我都非常享受和珍惜。說句真的，過去這幾年的學習真的頗辛苦，牧會之餘又要讀書，本已不容易，更要遇上社會事件、新冠肺炎疫情等前所未見之事，果真是難上加難。除了牧養上的張力，個人的身心靈也承受著巨大壓力，且要面對又大又難的論文，我多番想放棄了，最後能走過這趟艱辛的旅程，實在有賴無數人的支持與鼓勵。

原來從我報讀課程起，到上每一門課，踏上每一趟學習旅程，做研究，寫論文的整個過程，神早已為我預備了一個又一個的天使——從個人學習小組（Personal Learning Community, PLC）[1] 到師長到同學，他們在我軟弱時給我鼓勵，在我迷惘時給我指引，在我遇到困難時給我幫助；我做得好時他們為我歡呼；我想放棄時他們給我加油打氣！是他們不斷的説話、禱告、美食、切實的同行與幫助，叫我最終能順利完成整個課程。他們於我不單亦師亦友，更成為了我事奉道路上的同路者和合作夥伴！

註釋

1. 學院要求每位博士生邀請三至五位同行者為他們的學習和事工代禱，審閱他們的功課，並在多方面作出支持。

何志滌
牧師博士
中國基督教播道會同福堂創堂牧師

09

重整經驗

「教牧學博士」，與我何干！

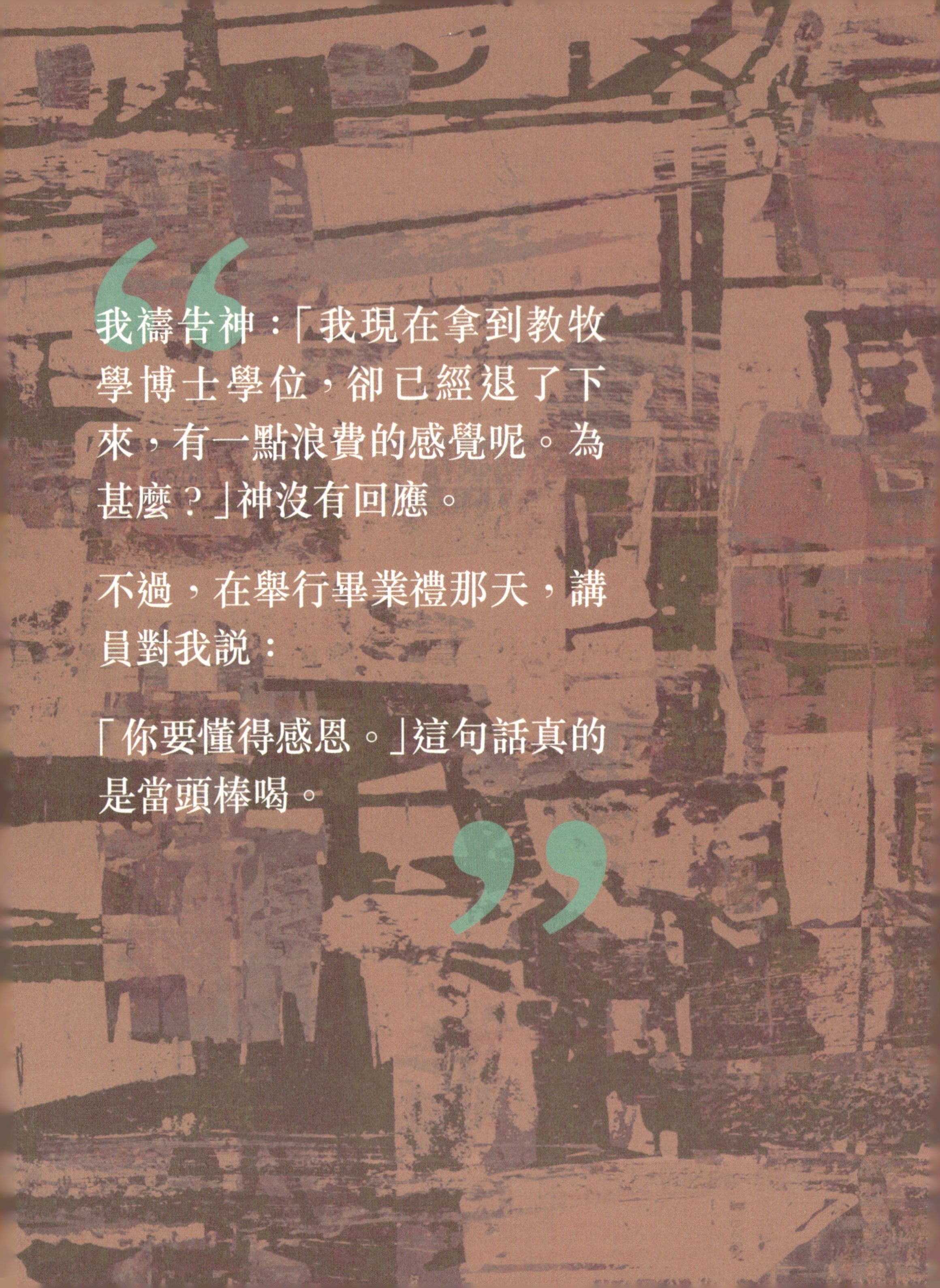

“我禱告神：「我現在拿到教牧學博士學位，卻已經退了下來，有一點浪費的感覺呢。為甚麼？」神沒有回應。
不過，在舉行畢業禮那天，講員對我說：
「你要懂得感恩。」這句話真的是當頭棒喝。”

轉化錦囊：

成長是畢生的功課。

二十二年前，有牧者鼓勵我報讀「教牧學博士」課程。我是播道會牧師，自然便遠赴美國，入讀「三一神學研究院」。經過七年，由於不同的原因，我決定放棄，因為當時總覺得這學位沒有太大意義。又過了幾年，有機會認識「三一神學研究院」(當時已升格為大學)的院長，他願意多給我三年時間。只是當時工作忙碌，時間又緊迫，而系主任在電郵中更提到「一位好的牧者不一定要有教牧學博士這學位」，這在在都加強了我放棄這學位的想法，結果我就沒有接受院長的好意。

沒想到，八年前與一位牧者午餐，他再一次鼓勵我攻讀教牧學博士，加上我經常與不同宗派弟兄姊妹交流，交談中他們都希望我深入研究同福堂快速增長的原因。在眾人的鼓勵下，經過禱告，我報讀伯特利神學院的「教牧學博士—城市領導」課程。經過七年，在 2018 年，也就是我退下主任牧師崗位的那一年，我終於拿到「教牧學博士」。感謝神。

回想起來，我覺得牧者應該報讀「教牧學博士」的原因有以下三個。

不只是一個學位

在教會事奉的牧者，他們的事奉可以說是「7x24」，沒有甚麼固定的工作時間的。莫說要回學校上課，即使一年只修兩個課程，但要看大量書籍資料和做功課寫論文，很容易就成了牧者的「死穴」——事奉委實太忙，時間委實太不穩定了。香港建道神學院自 1995 年開設教牧學博士課程，取得不錯的成績，多年

來畢業者眾，但按我的經驗，最好不要把攻讀教牧學博士的目標，定焦在取得一個學位——對已有神學學位，又有牧會經驗的牧者，我鼓勵你藉著修讀這類課程，重整你的事奉經驗，其實這可能才是最首要的。

不只是增加知識

攻讀教牧學博士學位，不同的學院可能有不同的要求。除了「論文」之外，課程安排都可能各有分別。「三一神學研究院」要求學生要完成十個課程，所以我每年都要飛到美國上密集課程，一般來說是上五天課，而上課前則要看約一千五百頁資料，上課後要交功課。如果我們相信閱讀是牧者成長的重要一環，這課程便是很好的閱讀藉口和「成長」機會，加上閱讀的資料可以加深我對牧會的認識，完成課程又可以取得學位，可說是「一舉三得」——這是否能加增我們進修並完成學業的動力？

不只是給予認可

很多人說「教牧學博士」根本不是學術性學位，比起哲學博士、神學博士差別很大，所以前者的論文英文叫 dissertation 而不是 thesis。於學術上這確實是有分別的，雖然我個人不是十分懂，不過我認為這不是最重要的。

經過了七年，我覺得自己對研究多了點點認識，知道怎樣回顧自己過去的教會工作，也發現原來還有許多不足之處，這讓我更懂得怎樣的事奉才更討神喜悅。只是，當我拿到教牧學博士學位後，自己已經退任了。我禱告神：「我現在拿到教牧學博士學位，卻已經退了下來，有一點浪費的感覺呢。為甚麼？」神沒有回應。不過，在舉行畢業禮那天，講員對我說：「你要懂得感恩。」這句話真的是當頭棒喝。我為何只問有何用，卻沒有感恩？神不是看人的 being 比 doing 重要嗎？

從這三個理由看來，牧者報讀「教牧學博士」果真是有一定好處的呢。

Research Report IV

「留堂會、離堂會」

伯特利神學院
柏祺城市轉化中心

研究背景

本中心於 2018 年 8 月搜集了過千份由 2006 年至 2018 年出版之香港研究文章，使用了四十七份以香港社區為樣本的學術研究作統合分析（meta-analysis），而其中二十四份有較仔細的參加者宗教背景資料。統合分析結果發現研究參加者填寫「基督教」（不包括天主教）為宗教背景比率（95%的信賴區間 confidence interval）的有 20.4%至 29.3%。

根據香港教會更新運動在 2014 年的香港基督教教會普查，參與基督教教會崇拜的基督徒約佔香港人口 5%。綜合以上兩項數據，可能指出了一個事實，就是除了在教會中聚會的基督徒，也有不少信徒沒有參加教會聚會。有見及此，本中心於 2018 年 10 月至 12 月中進行了「宗教背景與信仰表達問卷調查」，希望藉此研究，了解部分「恆常返教會」、「不穩定返教會」及「離堂會」的信徒。

研究目的及方法

我們運用了網上問卷平台 Survey Legend 並採用雪球抽樣（Snowball Sampling），透過個人關係網絡、友好機構電郵、facebook 專頁及廣告發放問卷。此研究目的並不是普查或反映香港基督徒及離堂會數字或比率，而是就著此問卷接觸到的「不穩定返教會」及「離堂會」的信徒。我們希望藉此研究嘗試了解部分堂會外的弟兄姊妹如何經歷和表達信仰。此研究的限制是：我們在發放問卷過程中，主要接觸到的是「恒常返教會」的肢體，而只能接觸到有限數量的離堂會肢體，此外，本研究亦沒有探討離開教會並不再相信上帝的「離教者」。

當中有效回覆之參加者背景分佈如下：

基督教（Protestant）有效回覆 **你認為以下哪一類別最適合形容你現時的信仰狀況？**	**N**	**%**
我現在有穩定教會聚會（Regular）	1,517	78%
我過去六個月有參與教會聚會，但沒有穩定教會聚會（Marginal）	239	12%
我過去六個月沒有參與教會聚會，但曾有穩定教會聚會（Dechurched）	148	8%
我過去六個月沒有參與教會聚會，從來沒有穩定教會聚會（Unchurched）**一由於組別人數太少，將不會納入分析**	34	2%
總計	1,938	100%

第一部分：信仰成熟度

此問卷之第一部分運用了於 1993 年由美國學者編寫之「信仰成熟量度表」，探討信徒與上帝的關係（向上：Vertical），以及信徒與其他人的關係（橫向：Horizontal），結果如右：

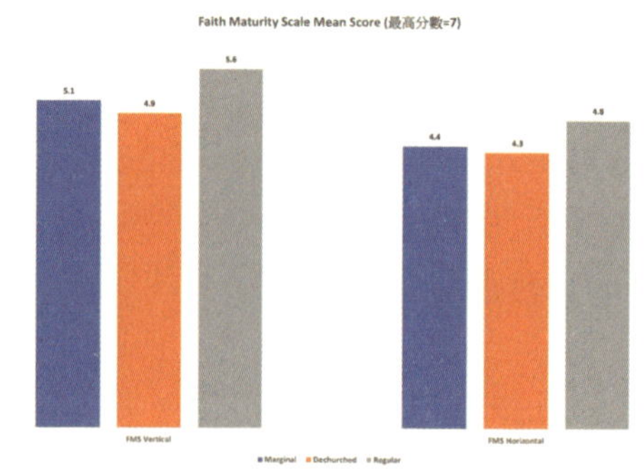

統計學上，「恆常返教會」組別在「向上」和「橫向」信仰成熟度的分數，都比其他組別高，但「不穩定返教會」及「離堂會」組別的分數則沒有大分別。值得留意的是，對比「恆常返教會」與「離堂會」組別，二者「向上」分數的差距，比「橫向」分數的差距大，顯示有沒有返教會對信徒與上帝關係的影響，比與其他人關係的影響更大。

第二部分：信仰表達方式

調查訪問了參加者多常以不同方式來表達信仰，分析結果以「從不」為 1 分，「經常」為 4 分，其平均值如下：

以下哪些是你表達信仰的方式？（1 從不—4 經常）	不穩定	離堂會	恆常返
祈禱	**3.18** ①	**2.97** ①	**3.54** ③
領受聖餐	**2.90** ②	2.28	**3.66** ①
默想	**2.88** ③	**2.84** ②	3.11
讀聖經	2.81	2.53	3.35
花時間在大自然反思	2.79	**2.74** ③	2.85
安靜或獨處操練	2.77	2.66	2.96
慈善捐獻（包括十一奉獻）	2.74	2.28	3.45
閱讀基督教書籍	2.66	2.51	3.00
與非信徒談論耶穌	2.66	2.54	2.90
參加小組（包括教會／職場／學校團契小組）	2.62	2.18	**3.59** ②
參加培靈會／聖經講座	2.38	2.09	2.87
參加義工服事	2.30	2.24	2.71
寫日記或屬靈筆記	2.05	1.87	2.34
參加退修	2.04	1.85	2.50

* 啡色字代表最高分頭三位

從上表可見，祈禱是「不穩定返教會」及「離堂會」組別中最常用的信仰表達方式。此兩組別主要以較個人的方式表達信仰，而「恆常返教會」組別就較常在羣體中表達信仰。值得留意的是，有些信仰表達方式在三個組別間並沒有太大分別，如默想、花時間在大自然反思、安靜或獨處操練。而組別間差距較大的信仰表達方式包括參加小組、領受聖餐、讀聖經等。

第三部分：「留堂會」、「離堂會」的原因

我們希望能藉此研究了解信徒仍然參與教會聚會，以及離開教會的原因。由以下結果可見，問卷參加者因為有關個人及教會經驗的理由而不穩定參與教會聚會或離開堂會：

	Top 1	Top 2	Top 3～4
不穩定返教會（N=239）	教會一些做法叫我失望（43%）	我找不到適合我的教會（38%）	我不喜歡教會文化/我太忙碌（36%） 我不喜歡教會制度/教會與我的生活脱節（35%）
離堂會（N=148）	教會一些做法叫我失望/我不喜歡教會文化（51%）	我不喜歡教會制度/教會與我的生活脱節（45%）	我找不到適合我的教會（44%） 我太忙碌（35%）

同樣我們希望了解問卷參加者現在或者曾經參與教會聚會的原因。結果顯示，問卷參加者較多選擇靈性上需要相關的原因，如「讓我可以更親近上帝」、「讓我在困難或憂傷中得安慰」等。而較為形式上的活動和因素如「兒童及青少年活動」、「為滿足我的家人/配偶」等則較少問卷參加者選擇：

	Top 1	Top 2	Top 3	Top 4
不穩定返教會（N=239）	讓我可以更親近上帝（81%）	讓我在困難或憂傷中得到安慰（66%）	我認為講道對我有幫助（62%）	讓我能成為信仰羣體的一份子（56%）
離堂會（N=148）	讓我可以更親近上帝（70%）	讓我在困難或憂傷中得到安慰（62%）	我認為講道對我有幫助（62%）	讓我能成為信仰羣體的一份子（49%）
穩定返教會（N=1,517）	讓我可以更親近上帝（88%）	讓我能成為信仰羣體的一份子（69%）	讓我在困難或憂傷中得到安慰（64%）	我認為講道對我有幫助（63%）

我們在問卷結尾問了「離堂會」組別參加者一條問題，就是會否考慮將來重返教會聚會：

你會否考慮將來重返教會聚會？（N=148）	
會	64 (43%)
不確定	77 (52%)
不會	7 (5%)

在以上報告中，我們發現「離堂會」的信徒雖然沒有返教會，但仍然有一定的信仰成熟度以及有持續表達信仰。不過，「留堂會」、「離堂會」的原因所能帶給我們於牧養和佈道方面的啟迪，是更值得我們留意的。在此，我們特別要感謝「柏祺城市轉化中心」顧問團和中心委員會成員的支持，感謝他們給此研究提供意見，陳家華教授、許志超博士及劉忠明博士協助及指導數據分析，各方友好協助發放問卷，特別是陳韋安博士所接觸到的「離堂會」羣體。與此同時，我們亦會就以上研究進行質性調查訪談（Qualitative Interviews），繼續了解「離堂會」的羣體和他們的經歷。

參考資料

Barna Group. (2017). Meet Those Who "Love Jesus but Not the Church." https://www.barna.com/research/meet-love-jesus-not-church/

Benson, Peter L., Donahue, Michael J., & Erickson, Joseph A. (1993). The faith maturity scale: Conceptualization, measurement, and empirical validation. *Research in the Social Scientific Study of Religion,* 5, 1～26.

Saad, Lydia. (2017). Sermon Content Is What Appeals Most to Churchgoers. https://news.gallup.com/poll/208529/sermon-content-appeals-churchgoers.aspx

Hui, C. H., Wai Ng, E. C., Ying Mok, D. S., Ying Lau, E. Y., & Cheung, S. F. (2011). "Faith Maturity Scale" for Chinese: A revision and construct validation. *International Journal for the Psychology of Religion*, 21(4), 308～322.

Ji, C. H. C. (2004). Faith maturity and doctrinal orthodoxy: A validity study of the faith maturity scale. *Psychological Reports*, 95(3), 993～998.

Pew Research Centre. (2018). Why Americans Go (and Don't Go) to Religious Services. http://www.pewforum.org/2018/08/01/why-americans-go-to-religious-services/

Research Report V

「離堂會」肢體盼望的愛與同行質性研究初步結果

伯特利神學院
柏祺城市轉化中心

在 2018 年「留堂會、離堂會」問卷調查研究中（參本書研究報告 IV），我們發現「離堂會」的信徒在沒有返教會的情況下，仍然有一定的信仰成熟度及有持續表達信仰。由於我們希望更深入探討「離堂會」肢體的故事和經歷，我們在 2019 年進行了第二階段的質性研究。以下是質性研究的初步結果，包括「離堂會」的原因、他們在教會中美好的回憶、以及他們所渴望教會的元素。

我們個別訪問了十七位「離堂會」肢體，他們年齡介乎 20 至 60 歲，當中六位在接受訪問時已返回教會聚會。部分受訪者曾經參與第一階段的研究，因而受邀接受訪問，其他則是透過本中心研究人員的友好關係並介紹而受訪。所有受訪肢體，都是曾經多年「恆常返教會」，當中很大部分曾擔任事奉崗位和領袖角色，在離開教會後，仍然確認自己的信仰，承認自己為基督徒。每個訪問均大約在一小時內完成，並以錄音記錄。我們及後把訪問內容轉為文字稿，並整理當中提及的主題，得出以下結果（「仿宋」文字直接引自受訪內容）：

主題一：「離堂會」的原因

不少受訪者提到離開堂會的過程和原因時，都分享到他們感到失望、生氣、無力、疲倦。「離堂會」的原因包括：

參加者「離堂會」主要原因

教會制度和處理事情手法	教會對政治社會議題的回應
如：教會著重規條多於恩典 受教牧/弟兄姊妹處理事情方法/批評感到傷害、缺乏包容、虛假、分裂、太多事工太少關懷像社區中心 「他們一開始會很熱烈的歡迎，但他們在歡迎之後，就走回自己的小圈子。」	如：對受壓迫的人和政治社會議題沒有應用聖經教導、離地 「入世而不屬世，甚至連入世也沒有。」 「你知道教會面對這些事情都是祈禱會。但外面的人就快被人打死。」
個人原因	**事奉上缺乏支援**
如：繁忙、生命階段轉變、週末需要工作、要照顧年幼的孩子 「出來工作就比較難，星期六返團契，星期日返崇拜，還要事奉，小朋友星期六很多興趣班。所以真的很累很累。」	如：事奉至身心力「耗盡」 「教會只有想到自己的需要，沒有想到事奉的人也是一直付出。」

正如 2018 年「留堂會、離堂會」問卷調查研究所言，「離堂會」的主要原因是：教會的一些做法叫人失望，以及不喜歡教會的文化。這次質性研究中受訪者的回應，主要也是圍繞教會制度和教會處事手法，以及教會對政治社會議題的回應。有受訪者提及教會像社區中心，缺乏靈性的交流，寧願在個人層面經歷信仰，不被其他人影響。當中受訪者也提及生活上的挑戰，特別是忙碌的工作和生活，加上未能在教會內經歷上帝，所以選擇花時間於返教會以外的事情上。他們也能清楚分別教會不等於上帝，所以不會因為教會有問題而離開上帝。

主題二：「離堂會」後仍維持與上帝的關係

大部分受訪者都減少了讀經、祈禱等信仰表達，但神在他們生命中的角色，並沒有因在堂會內或外而改變。在他們生命裏，上帝仍然佔重要的位置，在他們心中的地位亦十分牢固。按他們形容，上帝在他們生命中的一些角色如下：

參加者形容上帝的角色

慈父	同行者
顧問	不離不棄
經常在身邊	導師/導引
幫助	拯救

- 祂在我生命仍然很重要，因為我不論乖不乖，只要我有需要，祂都在我身邊，這是很重要。
- 我很深信祂是我的救主和對我好的。祂有很多恩典。就算我不返教會，我都覺得祂在我身邊，在我生命裏面。

主題三：在教會的美好回憶

訪問中，我們問到「離堂會」肢體在教會有甚麼美好回憶，他們不少都提及青少年時期跟弟兄姊妹相處的經歷和彼此的分享，以及教會是他們成長的地方。他們也很懷念有深度的講道和聖經真理的教導。

- 初中的時間返教會每次都有成長，無論是信仰上，聖經知識上，或對我自己的價值觀建立。
- 以前的牧師很厲害，很能啟發，他們理解聖經，教得真的很入腦。
- 第一就是羣體，第二就是聖經真理，很多價值觀對錯的建立，對今天也是很受用。
- 第一是愛，找到很好的導師和朋友。第二是知識上，真的學到更多關於信仰，繼而實踐出來。

主題四：心目中渴想的教會元素

不少受訪者在訪問中都說「其實我很想返回教會」。重返教會的受訪者都表示，重返教會是因為親密的弟兄姊妹邀請。當我們問及受訪者心目中渴想的教會元素，以下是他們希望在教會見到的：

參加者心目中渴想的教會元素

愛、關心、包容、接納 聆聽、開放的思考、溝通和討論	同行、同路人、關係 代禱和分享
同心敬拜神的地方 平日或週六的崇拜	啟發性及跟生活接軌的聖經教導和講道 多一點深度的信息，關心社會議題，有上帝在當中

- 他們會聆聽我講話，我很多話說，他們不會打斷我，在我們聊到有點離題的時候，他們會陪我們離題，如果我想再討論或不明白，他們就會陪我去聊。他是著重你個人比起要跟著流程去重要。
- 首先是同路人，返教會每一個弟兄姊妹都可以互相支持，這是很重要，還有我可以更新自己，汲取不同養分，對我生活中不同的事情有新的角度。屬靈的角度，跟生活接軌的屬靈看法。羣體會堅持的價值讓我可以無限的付出。
- 思想開放一點，減少人的元素影響宗教信仰的經歷。
- 希望在教會中見到有上帝，關係帶動使命同心在教會和社區中一起事奉。

受訪的「離堂會」弟兄姊妹渴想的教會元素，不約而同，均圍繞著愛和同行的羣體、有深度的講道和聖經教導。值得留意的是，這結果只反映部分「離堂會」弟兄姊妹的經歷和感受，有不少肢體在「離堂會」後可能慢慢離開信仰。但我們只希望用不同研究方式，更多了解這些肢體。訪問之後，差不多每個受訪者都感謝我們的訪問，因為沒有人問過和聆聽過他們離開堂會的經歷和感受。在此，我們感謝每一位跟我們分享生命故事的肢體，盼望天父繼續讓你們經歷到祂的愛和豐盛。

結語

我們盼望教會能一同見證上帝真實的愛與同行，能盛載希望在教會中得著平安的非信徒和「離堂會」肢體。我們會進一步舉辦發佈及座談會，邀請更多牧者和信徒領袖回應。我們盼望藉此能引發更多討論和交流，一起了解、一同支持堂會內外的主內肢體，並探討相關的牧養進路。

領導 Leadership
轉化 Transformation
整合 Integration
前進 Progression

前進
Progression

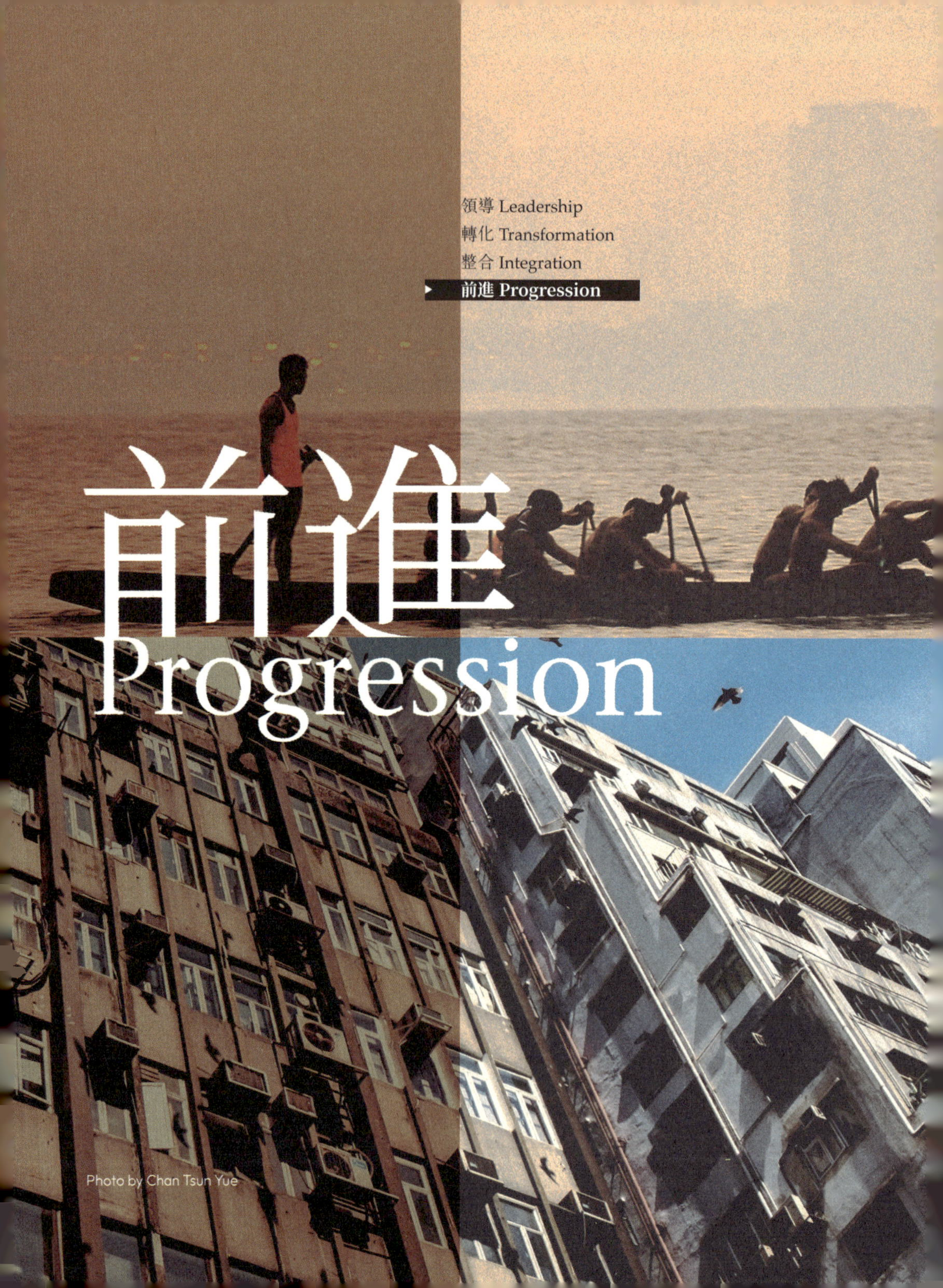

Photo by Chan Tsun Yue

Progress in ministry is not linear, not circular, not random but a spiral towards the Kingdom of God.

事工的前進不是直線式，不是循環式，也不是隨機的，而是螺旋式地走向上帝的國。

李素鳳
博士
香港浸信教會

10

掙扎中成長

時候到了

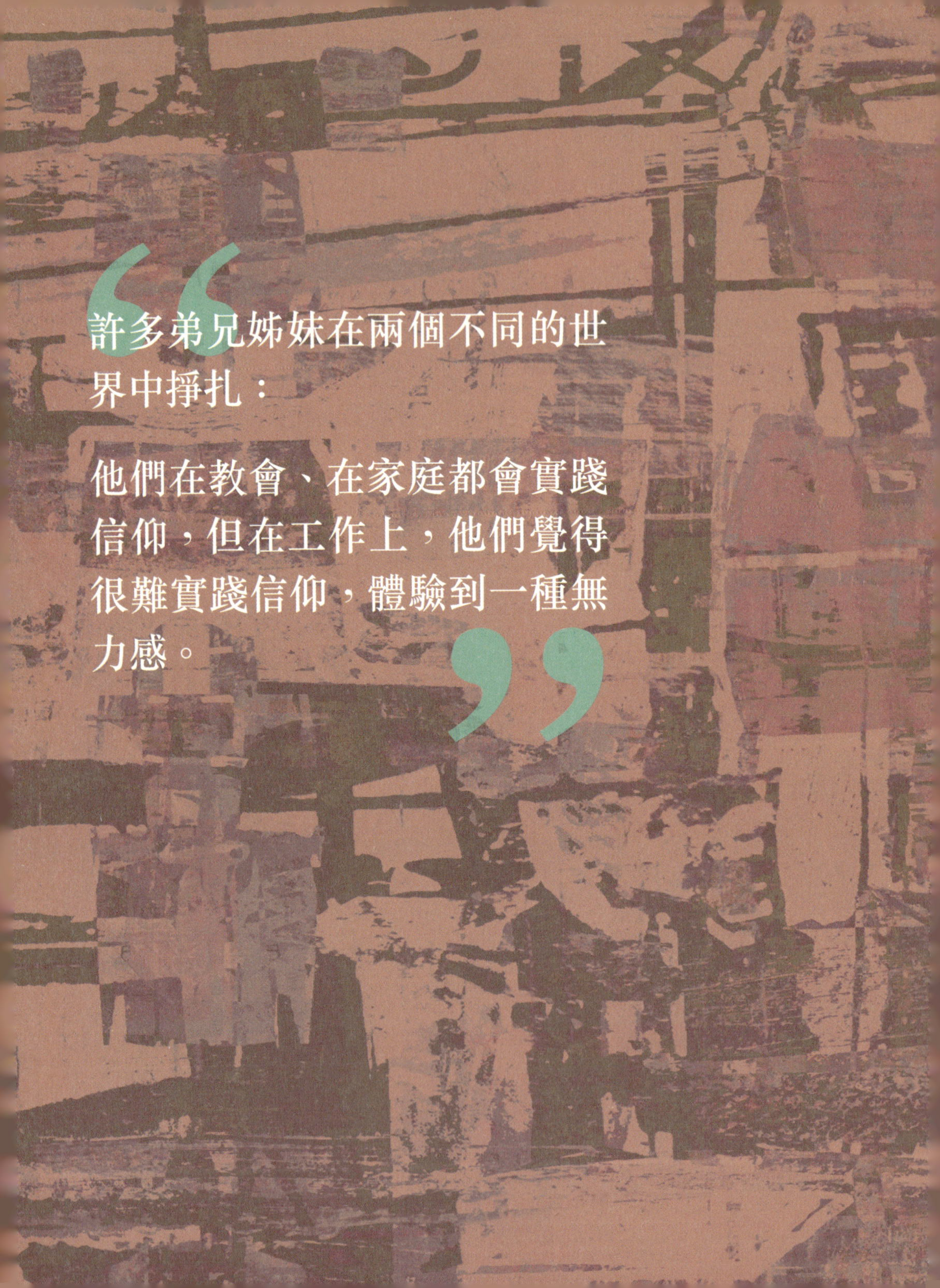

“許多弟兄姊妹在兩個不同的世界中掙扎：
他們在教會、在家庭都會實踐信仰，但在工作上，他們覺得很難實踐信仰，體驗到一種無力感。”

轉化錦囊：

工作場所正是上帝操練我們靈性的地方，因為工作本身就是一種屬靈的操練。

感召從困惑開始

我常掛在口邊說要「回應召命」。一心以為放下工作，全時間事奉，就是回應神的呼召。事實卻是，當了傳道人，心裏總覺得未能全然滿足。雖然明明知道，召命不是指處身的崗位，而是指所作的事，但或許是囿於自身的氣質，在這十多年的事奉歷程中，心裏斷斷續續被隱隱的納悶困擾著。既然崗位不重要，我就將自己交回神的手中，開放自己，繼續聆聽神的呼召。

機緣巧合下，我報讀了楊錫鏘牧師任教的「以生命回應召命」課程。在當中我發現過往自己總愛向前衝，從不懂停下來，整合一下以往遇上的人與所經歷過的事，如何影響到今日的我。這次停下來回望，發現自小對不平事放膽直言，不理後果的性格，使我在學校碰了不少釘子。結果，我選擇了「不多事」的待人處事態度。在成長的路上，我對社會周遭事物的冷淡，也不知從何時開始了。這發現幫助我了解自己，同時發現已無力恢復那份抱不平的熱忱。

幸而，神的道路高過我們的道路，神的意念高過我們的意念。在班上我認識了幾位正在修讀城市轉化博士課程的同學，他們興奮地分享課程中遇上的奇妙經歷，以及對城市轉化的看見。他們的熱忱，掀起了我心中一絲的激動，心中不禁問神：「是祢的呼喚嗎？」

行一步、見一步

當我決定進修，便與教會的牧師和長執商討。教會非常支持，給我進修假期，更減去我的行政事務，讓我有更多學習空間。同時，神也感動一位長執與我一起進修，這使我的心更感踏實，能堅定地迎向神引領的旅途！

踏上旅程的第一課是「公義與憐憫」。我再一次被提醒，貧窮是存在著不公義的，是涉及剝削，不公義制度，少數人被邊緣化的。我意識到，人會故意忽略別人的需要，對罪視而不見，背後的原因，往往是覺得絕望，覺得不能改變甚麼。那時，有一把聲音不斷呼喊：進到需要的羣體，幫助他們進入神命定的豐盛，哪怕是向下游。我心裏問：「是我嗎？我當如何？」

城市實驗、新的視野

第一次實地體驗之旅，是前往西北。我對營商事工的課題尤其感興趣。這次西北之行，我們探訪了不同的咖啡茶

座，與店內的員工和負責人傾談。他們都有一個共同點，就是對自己的崗位充滿熱誠，有使命感。他們的營商目標是展示上帝的美善，讓惠顧者透過他們的服務，休閒的地方，有質素的咖啡和友善的招待，享受上帝給予世界的資源所產出的美物。他們展示出經營咖啡店的內在價值，他們的工作態度，超越了只求生計的單一價值。在能夠提供就業的條件下，營商不僅養活了創業者，也支持了員工，或者受益於有關產品和服務的人。他們營商時，跟其他企業不同的一項價值是平安（Peace）！我看見營商能滿足需求，其結果也能祝福他人。帶著使命營商，不是夢想，是能實現的，這真教人印象深刻。

帶著使命營商，要有足夠的盈利才能持續發展，但營商者同時也要透過做生意成為世上的鹽和光，這其中實涉及個人的靈性操練，而工作場所正是上帝操練我們靈性的地方，因為工作本身就是一種屬靈的操練。使命營商與職場事工是息息相關的，這促使我繼續追尋如何在營商中實踐整全使命，目的就是要榮耀上帝。

我牧養的羣體大部分都在商界工作，上帝將他們安放在不同地方，甚至管理層當中，可惜在商界打滾的弟兄姊妹，不少都缺乏了一份轉化職場的使命感，也許認為人在江湖，身不由己，而未能掌握靈巧像蛇，馴良如鴿子的道理。在世俗的職場文化中，他們充滿無力感。當我更多明白到營商本身就是召命，我們可以透過營商扶貧，提供就業機會，於是我開始思考上帝在我的牧養羣體當中的心意。

掙扎中成長

在過去的十多年，有很多關於「工作中的信仰」(faith at work)的討論，它亦經常與「職場事工」(marketplace ministries)互換使用。幾年前，我服事的教會開拓了職場事工，裝備每個信徒，使他們在崗位上成為延福使者。從牧養中觀察，許多弟兄姊妹在兩個不同的世界中掙扎：他們在教會、在家庭都會實踐信仰，但在工作上，他們覺得很難實踐信仰，體驗到一種無力感。當個人信仰(神聖)和企業道德(世俗)之間產生衝突時，這種劃分變得更明顯了。只是，工作的處境一方面的確經常衝擊基督徒的信仰，但另一方面這也能觸發屬靈生命的轉化。因為，工作場所是上帝塑造基督徒信仰，幫助他們在基督裏成長的平台，所以，我研究的課題是基督徒在職場上實踐信仰並其所帶出來的影響。我期望基督徒發現，他們與上帝的關係如何影響他們的工作，以及發現在信仰中能幫助他們有勇氣做正確的事的因素。

我的弱項是研究與寫作，因此我清楚知道，論文能夠完成，不是出於自己的能力，而是神的恩典。神安排了一位專業的督導，指導我撰寫論文，提升我的思考能力。撰寫論文的過程，是一段與神摔跤的歷程。最終能否得到神的祝福，就要看能否堅持和抱著不放棄的心志。我不斷克服自覺不能的思想，一次又一次超越了自己的限制，也累積了很多新的嘗試經驗，過程可說是艱難而可行的（difficult but possible）。過程中我也親身經歷到將自己的不行，放在耶穌的可行。這個不行變成可行的經驗，讓我對盼望有了新的體會。

趙碧琪
博士
維思教育中心校長/董事/創辦人

11

旅途中受陶造

人生旅程中重要的一站

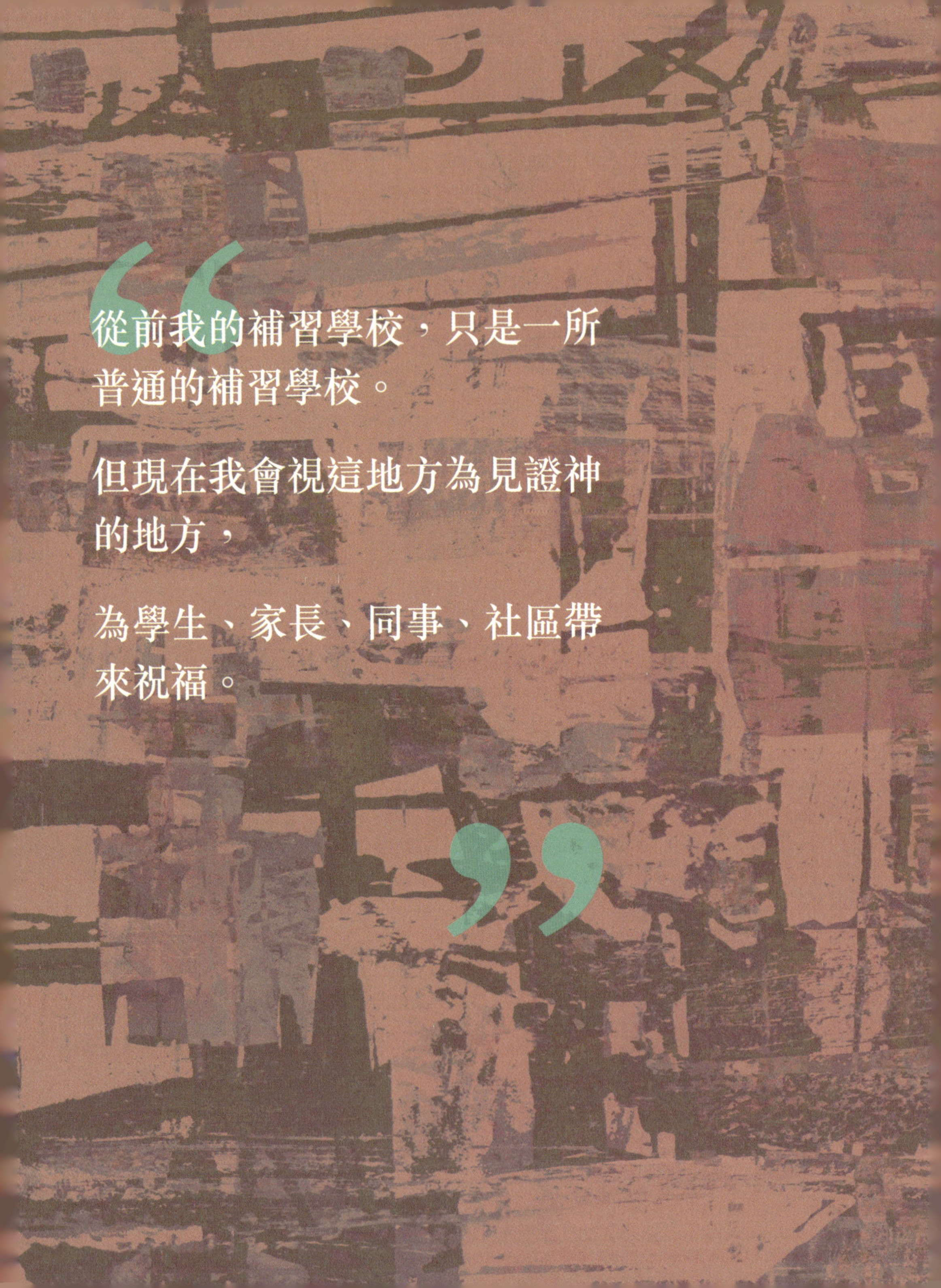

“從前我的補習學校，只是一所
普通的補習學校。
但現在我會視這地方為見證神
的地方，
為學生、家長、同事、社區帶
來祝福。”

轉化錦囊：

讓聖靈在我們身上作工帶領，一步一步看清神給我的召命

> 我兒，要留心聽我的話，側耳聽我所說的……你要謹守你的心，勝過謹守一切，因為生命的泉源由此而出。(箴四 20、23，《新譯本》)

回想這五年轉化旅程，處處都有神的恩典。

我所信的是誰？

我自小在教會長大，是信二代，逢星期日返教會崇拜及主日學，從未間斷。雖然身邊很多同輩的二代信徒都離開了教會，令我成長時感到很孤單，但神緊緊抓住我，沒有讓我走迷。在教會，我參與音樂事奉，又帶領兒童和年青人的工作。從幼稚園到大學，我都在基督教或天主教學校讀書，中學時受浸，在聖經真理中長大，因此自以為很明白聖經真理。

參加大學小組團契時，看到基督徒同學們的生命見證和其他教會的活力，讓我開始反思自己的信仰。原來我並不太認識我所

相信的神，也未有與神建立美好的關係。我的「信」只流於頭腦上，認知上，卻沒有心裏明白。在中文大學崇基學院的五年時間，讓我重新看見神，更渴慕認識神。

研究院畢業後，我沒有向本科發展。神開路，讓我到學校當老師。學校的工作壓力很大，很繁重，工時實在超長。但作為老師，看見學生的成長及改變，那種「以生命影響生命」的滿足感和意義，成為讓我堅持下去的原因。十年前，我創辦了自己的補習學校，更深深經歷神的帶領和試煉。

課程？旅程？

其後我開始思考再進修的問題，希望在職場上及教會事奉中更多實踐，更多見證神。讀研究院的時候，我也曾考慮過修讀神學，也希望完成我的博士夢，最終經過教會牧者鼓勵及多月的禱告，我開始接觸轉化型領導博士課程。

第一課是 Drucker Academy 的基督教機構/教會轉化式領導及管理課程。對一個沒有商科背景的我來說，第一課已很震撼。課程內容很實用，讓我更明白如何在職場領導上更像基督，更能見證神。我不但在課堂的理論層面上有很多得著，在老師及同學的分享中也獲益良多。因此，我決定正式修讀轉化型領導課程。

這五年間，要兼顧工作、家庭、教會事奉和學業，實在

有點喘不過氣來。靠著神的恩典，在修讀聖經科、領導學和城市實驗（考察）時，讓我更加明白神的心意。祂要陶造我成為更合祂使用的器皿，要我在職場上見證祂。這課程確實是一個成長的旅程。

旅程中，聖經科目讓我在頭腦上、知識上更認識神，靈修科目讓我更親近神，與神建立更美好的關係。生命的更新不只是頭腦上的認識，更需要心裏面的認識，這才是真正的更新。

除了聖經科目，我在領導科目中學習不同的領導理論，並反思如何在職場上應用出來。神在旅程中讓我經歷到不同的試煉，包括在工作和教會轉變中操練我，讓我更能實踐所學。

當然，書本上可學習的實在很多，但令我更有得著的，卻是活的見證，就是老師和同學在職場上、教會裏的見證。他們成了我的榜樣，更成了我的鼓勵和支持，讓我在地上的旅程活得更討神喜悅。

旅程亮點

在這五年的旅途中，有多個亮點，讓我分享一下。

第一個亮點是我修讀課程第二年的靈修科。在課堂上的靜修操練中，我學習安靜等候神。要在繁忙的工作及生活中慢下來，安靜地遇見神，該是城市人的一大挑戰。在靈修操練中，我重新體會何為靈修，原來靈修不只是讀經及禱告，更需要安靜，以致我有時間及空間遇見神，與神建立更進深的關係，更明白神的心意。神提醒我：「要一心仰賴耶和華，不可倚靠自己的聰明；在你一切所行的路上，都要承認他，他必使你的路徑平坦正直。不可自以為有智慧，要敬畏耶和華，遠離惡事。」（箴三 5～7，《新譯本》）

亮點二是在一個領導學課程中，有機會回顧自己的成長，檢視神如何介入我的生命，讓我成為今天的我。當回顧自己給分成不同階段的人生，我見到無論在家庭背景、學校、工作、事奉，處處都有神的介入，陶造了我成為今天的我。回想我一切的經歷，好的、壞的，都造就了今天的我。感謝神，讓我回望過去，處處見到神的恩典。

作為一個慢熱內向的我，在這兩個城市實驗（戶外考察）中，有更長時間與老師們和同學們相處，交談，深入分享生命，這一切都鼓勵了我，更藉此讓我們成了同行的夥伴。我們走的是窄路，但過程中卻有弟兄姊妹的支持，並一起學習經歷神的愛，我深信最終我們都會得到天上的冠冕。旅程中遇見的所有人，都豐富了我的體驗。

至於論文研究的方向，我也經歷了很大的掙扎。起初希望研究信二代離開堂會的問題，堅持了三年，卻發覺不是我能力範圍可以完成的，於是決定改變研究方向。最終決定回應自己職場事奉的崗位——學校的研究。我深深明白到，我不是為自己研究，而是要跟隨神的帶領。神最明白我，為我預備最適合的場景去見證祂，榮耀祂。

最後半年，寫論文的過程很是痛苦，因著社會事件及疫情爆發，有很多事情需要處理，自己根本不能專注於論文的研究及寫作。朋友經常問我何時畢業，我的回答是：我不肯定。若神容許，我就會在祂的時間完成論文；若完成不了，這五年的經歷已經叫我有很大成長，信心也更大。能否畢業，不在我，在神。我最在乎的，是回天家那天，神會否讚賞我，說：「又良善又忠心的僕人哪，你作得好！你既然在不

多的事上忠心，我要派你管理許多的事。進來，享受你主人的快樂吧！」（太二十五 21，《新譯本》）

感謝神，在 2020 年我終於完成了博士論文。

結語

當初報讀課程，説真的，我只是為滿足自己的博士夢，並順便回應多年前向神許下修讀神學的諾言。最初我不知方向，沒有清晰的召命。但在這五年的旅程中，神不停更新我，操練我，叫我心意更新而變化，讓聖靈在我身上作工帶領，叫我一步一步看清神給我的召命。

感恩這五年的磨練叫我有很多學習，很多經歷，也更學到對神的信靠，不埋怨要經歷挫折傷痛，反要定睛在神的永恆中。作為老師，我會抓緊機會，用生命影響生命，以生命敬拜神，以生命見證神。

從前我的補習學校，只是一所普通的補習學校。但現在我會視這地方為見證神的地方，為學生、家長、同事、社區帶來祝福。

我深信這個課程的完結，只是我人生旅程的其中一站。往後願我能更多尋求神的心意，被祂使用，見證祂，榮耀祂。

施力高
（Rev. Dr. John Snelgrove）
牧師博士
播道會港福堂（英語事工）主任牧師

12

擁抱未知的可能

退而不休——開拓更多服事機遇的學習

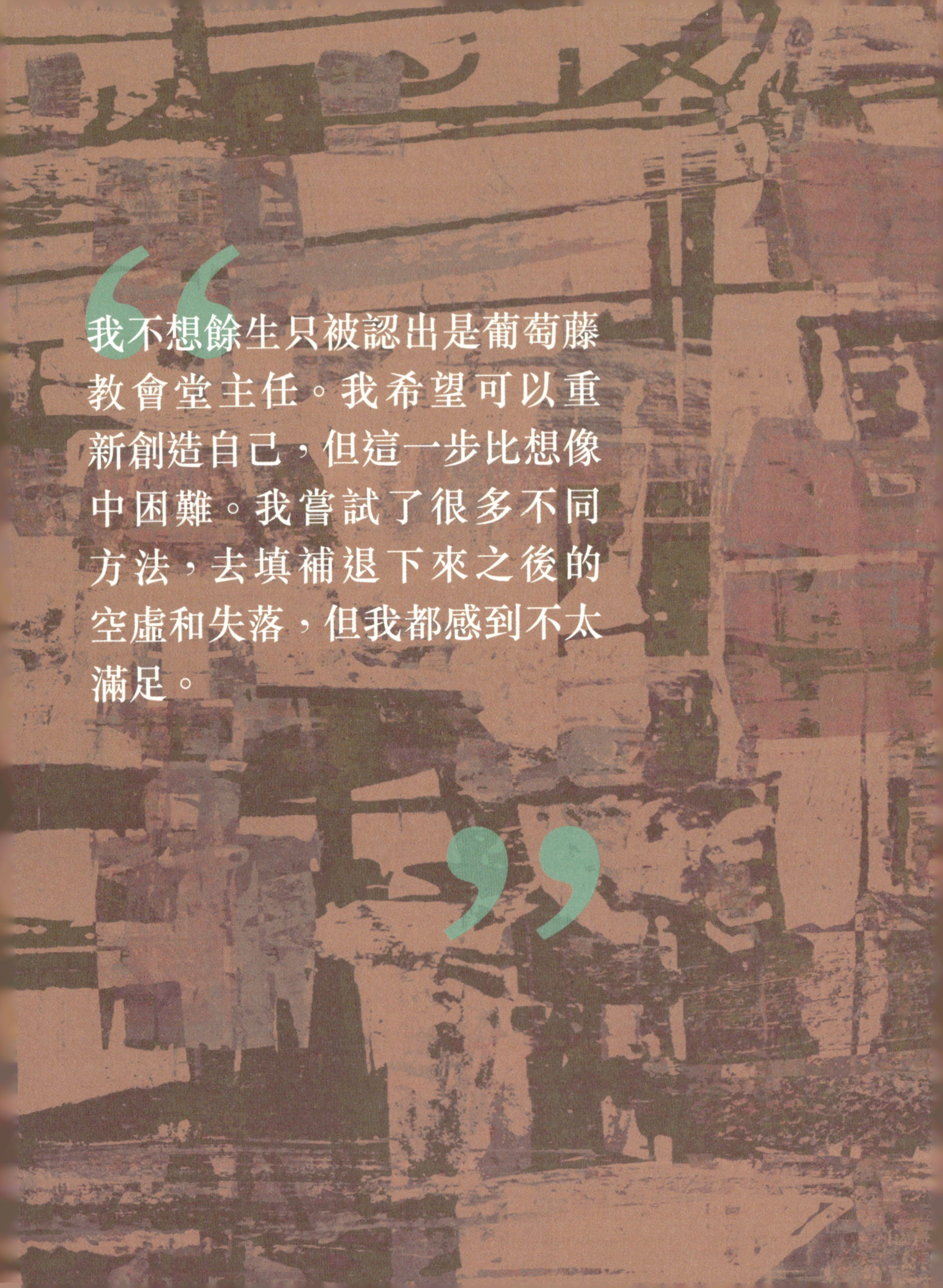

我不想餘生只被認出是葡萄藤教會堂主任。我希望可以重新創造自己，但這一步比想像中困難。我嘗試了很多不同方法，去填補退下來之後的空虛和失落，但我都感到不太滿足。

轉化錦囊：

堅信最好的尚未來到！

我在 2013 年退休，離開葡萄藤教會（The Vine Church）堂主任的服事。我當時就在想：「下一步是甚麼？」我不想餘生只被認出是葡萄藤教會堂主任。我希望可以重新創造自己，但這一步比想像中困難。我嘗試了很多不同方法，去填補退下來之後的空虛和失落，但我都感到不太滿足。可能我一直是在尋找那特別的經歷……

當陳敏斯教授向我介紹伯特利神學院的「教牧學博士—城市領導」課程時，說實在，我對學術發展並沒有太大興趣，也覺得這對我來說太困難了（我 17 歲已離開校園）。我太太 Sandra 也同意我的看法，而且我們的生活和事奉均十分繁忙，要我這個老人家重返校園實在困難。

被「城市宣教」深深吸引

不過我最終被這個博士課程的重心——城市宣教深深吸引。城市宣教一直是我的事奉重心和方向，而這個博士課程自然成了發展這方向的延伸。我希望這不單是心志上的發展，而同時是頭腦知識上的發展，叫我對城市宣教有更多學習。我也期待將學習到的，為基督的身體，為眾教會帶來不同的轉化。

在攻讀整個博士課程的過程中，我真的可以因著課程的「難度」而半途放棄，但我並沒有容許自己這樣做。以往在商界工作和在教會事奉，我都是悉力以赴，勇於接受挑戰，以彌補我技巧上的不足的。可是身邊的人總對我入學的決定存疑：為何我會在62歲才決定認真讀書？更要選擇在一間從未有西方人畢業的神學院就讀？

2015年6月8日我第一天上課。我非常感恩，我第一科是修讀Paul Stevens教授任教的工作神學。這課程很切合我在保險界打滾三十三年的經歷，我也很喜歡老師的教導。我享受課堂中的一切——但我仍然要面對我第一份功課。可是出乎意料地我竟然享受做功課的樂趣，更成功完成了這一科。更感恩的是，畢業後，我有機會在另一間神學院教授這科目，讓我由學生變成了老師。

此外，有一次重要的經歷是我不得不提的，這經歷叫

我的學習與事奉起了很大變化。當時我與一羣國際教會的牧者，受香港教會更新運動（教新）邀請，到教會 Island ECC 聽取對國際教會的普查結果。我們留意到，不少青年人離開本地教會，轉到國際教會聚會，而本地教會羣體也開始老化，聚會人數也沒甚增長。這些發現，令我決定以此現象作為我論文的題目，並希望尋找解決的辦法。數星期後，播道會港福堂的林誠信牧師與我一起討論，我們都觀察到青年人流動的現況，及後更成就了我在港福堂的服事，為他們開展英語事工。

體驗式的深度學習

2016 年 4 月 29 日，我出發參與博士課程中一個基礎城市研究之旅。我們在成都和重慶逗留了十一天，一行人變得十分熟絡。當時我的室友是馬鞍峰香港教會的堂主任李志剛牧師——現在他也是博士了！旅程中，我有機會了解中國的年輕人，以此對比香港的年輕人，又能助我更加認識後者。回港後，我開始準備論文中焦點小組的研究。我們找到不少在本地教會成長，並轉到國際教會的年輕人，並邀請他們參與焦點小組。

2016 年 6 月，我修讀了研究導引及 Richard Higginson 博士任教的基督教倫理學。我決定要寫一篇關於年輕人、教會和性別議題的功課。隨著功課一份一份的完成，我的博士課程又前行了一步，但還有前面最重要的論文要完成。

2016 年 11 月，我和太太 Sandra 到紐約市參加全球轉化起動日（Movement Day — Global Cities）。我深受感動，並以此事工作延伸研究，在一份功課中探索香港舉辦全城轉化起動日的可能性。感謝上帝讓我們這一行七人的紐約之旅，成就了之後在香港誕生的全城轉化起動日。

2017 年 4 月，我到訪馬尼拉，參加博士課程的第二個進深城市研究之旅。我們在菲律賓參觀了很多轉化城市事工，我的心深深受到觸動。最難忘的，是與一個機構會面後，我竟跌倒了，結果帶著受傷的鼻子及腦裏的小血塊回家，還失掉一隻牙！感恩的是我慢慢康復過來，也完成了以菲律賓教會作題目的功課，但論文的進度就被迫拖慢了。

最好的尚未來到

説到論文，我必須感謝支援我的個人學習小組（Personal Learning Community, PLC），這五個友伴來自世界各地。他們的支持讓我捱過了「放棄的邊緣」，走過了抑鬱的低谷。

2018 年 5 月 4 日是我一生難忘的一天。當天是我論文答辯的日子，也可説是我人生中「最難受」的經驗之一。十分感恩，我的論文合格了，我也按照老師們的意見再作修改。我終於成功了！我成為了 Dr. John！

整個博士課程實在十分困難，但我從來沒有後悔。過程中我學到了很多，我也向自己證明了，我是有能力完成這個課程的。這真是一個極之精彩的旅程。上帝也為我打開了很多服事之門。由帶領港福堂的英語事工，到主辦香港的全城轉化起動日，以及參與世界各地轉化起動日和 Global City Leadership Community（GCLC）的服事，我有機會在不同場合和平台，發表和分享我的論文，當中也收到很多正面的回應。

能夠走上這個博士學習之旅，我實在非常感恩，而且我更成了伯特利神學院第一個西方人畢業生！但我知道，最好的尚未來到！

HUI YT/Shutterstock.com

Research Report VI

動盪中重思教會的本質——教會新型態質性研究

伯特利神學院
柏祺城市轉化中心

根據教會更新運動的《2019 香港教會普查簡報》所載，從 2014 年到 2019 年，香港共增加了二十八間華語堂會。除了傳統的植堂，在這五年多不少全新的教會也成立了。為了更多了解這些新型態的教會，柏祺城市轉化中心在 2021 年 2 至 3 月進行了一次質性研究，訪問了十二間在過去五年多新成立的教會（主要不是由宗派/堂會植堂成立的），以了解這些新型教會的一些特質、挑戰和優勢。在是次研究中我們也訪問了兩個教會新型態網絡，這些網絡旨在幫助培訓和連結新型態教會及其領袖。以下是一些經整合和分析的結果。

受訪新教會的共通點和特質

主題一：重新反思教會的本質（True Essence of Church）

- 著重聖經教導和反思信仰核心；
- 著重建立信徒與神以及信徒彼此的關係，不是知識增長，而是深化屬靈生命和轉化；
- 信任和鼓勵弟兄姊妹對外的使命服事，與社區的連結；
- 教會是對外的無牆教會，不只是有固定地點和聚會形式的堂會。

主題二：聚會地點保持流動、重視線上線下互動牧養

- 不打算購置物業，聚會地點較流動，有些會租用不同類型的場地；
- 場地不是最重要的考慮因素，所以營運資金相對不是負擔和主要考量；
- 大多早在疫情前已運用線上線下以及 Zoom 小組聚會，所以聚會不太受疫情影響。

主題三：刻意維持小型和簡化的架構

- 強調互動，關係緊密，在生活中同行；
- 牧者清楚主要的牧養羣體和方向（專注服事特定羣體，例如：未信者、職場人士、「離堂會」信徒、年輕人等）；
- 著重簡化架構，基本上沒有太多其他事工；
- 團隊簡單，沒有執事會和各種部門，可說是「去中心化」；
- 不太期望人數增多，反而著眼於如何在發展中繼續有屬靈的滋養和成長。

向外出發，異象清晰，帶有使命的新型教會

是次研究中訪問了三間擁有較破格背景的新教會，他們都明確地具備「向外出發」的服事方向和服事羣體。他們在牧養和建立關係時，也為這世代的需要，以清晰異象持守使命和實踐服事。盼望這些新型態教會，能讓我們在這世代為主想像更多，夢想更多，讓更多未信的人認識神。

新舊同行　開拓禾場：Aspire Church

Aspire Church 源自「基督教中華完備救恩會」大埔堂。數年前，幾位年輕的教會領袖想將福音帶到教會以外，於是一起開始了一項新的福音事工。他們在星期五下班後，每人邀請幾位未信的朋友一起藉啟發課程（Alpha Course）和簡單查經，介紹和討論基督教信仰。參加的人大多是職場上的年輕未信者，他們大多喜歡在一種較自在的模式下認識基督教信仰。結果參加者愈來愈多，每週都有新朋友加入，信主的人也增加了。最可貴的是，母堂教牧和執事不要求他們把新朋友帶回教會，反而鼓勵他們在外面成立自己的教會。母堂只在背後給予多方面的支持。

母堂懷著廣闊的胸襟，全力支持幾位年輕領袖，把他們差到母堂之外，建立他們的服事。而 Aspire Church 的異象是服事年輕一代，希望以年輕一代的方式，服事職青和更年輕的中學生。他們的目標清晰，就是堅持服事未信者。幾年後的今天，

Aspire Church 已有超過一百人穩定聚會。他們更成立了 Aspire 青年共享空間 Upper Room，服事年輕人，為他們舉辦聚會，與他們建立關係，向他們介紹基督教信仰。Aspire Church 希望堅守初心，傳遞：他們不是要建立又大又輝煌的教會，而是要每一個人都可以建立教會。Aspire Church 的發展，同樣鼓勵了母堂的弟兄姊妹，特別是青少年部的發展。這個傳統教會與新型態教會一起同行的故事，十分值得我們參考！

天天牧養　職場教會：Simplychurch

Simplychurch 是經過多年醞釀的職場事工，於 2021 年正式誕生。過去十多年，Simplychurch 的領袖 Dilys 和 Jane 在任職的公司及附近商業區，一直透過不同的活動和啟發課程，帶領了很多人信主，認識及建立了很多有心事奉神的職場基督徒。Dilys 和團隊發現，不少職場基督徒曾嘗試返教會，卻最終不願留下，反而願意於平日在職場成長，熱心參與服事。

使徒行傳二章46至47節：「他們天天同心合意恆切地在殿裏，且在家中擘餅……主將得救的人天天加給他們。」Dilys深受這兩節經文影響，認為需要把教會帶到職場，實踐「天天的教會」，信徒天天聚集，一起實踐大使命，一起真實地生活，讓人在職場認識神，在職場一起成長和服事。在職場教會中，弟兄姊妹學習於面對挑戰時實踐聖經的教導，天天在工作的不同場景中傳福音。Dilys和Jane致力牧養信徒和領袖，栽培他們一同成為耶穌的門徒。他們每天午餐或下班後，以不同的聚會建立各個羣體，興起信徒領袖，也會出隊關心職場以外的社羣，充分發揮職場團隊的機動性和擴展能力。Simplychurch在職場實踐的新教會模式，讓教會不囿於既有的牧養思想，轉而把維繫轉化為使命，將團契轉化為家庭，叫羣體轉化為盟約，從而促使使徒的教會網絡和教會運動誕生。

由Roundtable Church到missional communities使命羣體

十多年前，來自美國的牧者Jaeson Ma在港舉行特會，很多藝人因此信主和慕道。Jaeason Ma的特會後，當時協助統籌特會的Jason，便順理成章被委派去牧養他們。Jason明白藝人們不太能融入傳統教會，所以便學習如何牧養他們，做他們的屬靈爸爸。Roundtable Church前身叫LightClub，當時有一班人經常介紹身邊的人認識主，而當中有許多新生命的見證。過了兩三年，領袖們在牧養遇上了各種挑戰，Jason和太太毅然改動教會架構，刻意貼身地培訓領袖，與他們在生命中同行，並讓他們擁抱使命羣體的概念，慢慢在當中建立使命的文化。同時教會也改名為Roundtable Church，在圓桌式的組織形式底下，每個弟兄姊妹都像在家庭中一樣，共同參與，而不是生活在一個由上而下的架構之中。

近一兩年，Roundtable Church更進一步轉化為missional community（使命羣體）。他們不少領袖搬到同一座大廈居住，每天一同生活，一同敬拜，一同服事社

區。他們又增長並發展成幾個使命羣體，各按他們的屬靈領受，住在不同區域（包括深水埗、沙田、炮台山等），服事他們的社區。縱然他們分散在不同區域，這些使命羣體還是以家庭關係作為架構，羣體內的弟兄姊妹一同緊密地在生命中同行。每一個羣體各自有既定的時間，一同崇拜，彼此交通，以及對外服事未信的羣體。而各羣體也會定期聚在一起。他們共同擁抱使命羣體的理念和盟約，每天在社區展現福音和活出信仰。

第二部
城市實驗室：經驗式學習

PART II

City Lab: Experiential Learning

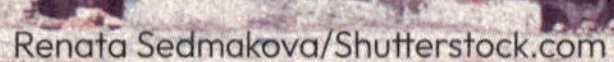

Renata Sedmakova/Shutterstock.com

將城市化為實驗室，

將課室遷到前線，

一起親身見證教會的天國行動。

王緯彬
博士
教會建築設計師

13

從聖地到教會四幅牆的反思

「讓我們建造橋樑，不要建造牆壁。」

——馬丁路德金

大約半年前，我開始修讀伯神柏祺的轉化型領導學博士課程，必修科包括跟隨學院安排到兩個城市考察，這次是「LAB 2：中東城市研究」。日期由 2019 年 10 月 20 日至 11 月 2 日，行程包括七天以色列、兩天約旦、三天埃及的旅程。離港之前，我們必須完成閱讀清單上三千二百頁資料的一半，好讓我們能熟悉當地的歷史、社會、文化、政治及宗教背景等。這次旅程涵蓋的大多數景點，都是為人所熟悉的，我會叫這些景點做「配菜」;「主菜」是我們每天探訪的當地不同機構、非牟利組織、學院、教會等。透過親身觀察和體驗，我們會跟教授、學者、領袖、信徒、牧師等交流和對話，並嘗試從不同的角度深入了解當地的基督徒、猶太人、巴勒斯坦人、阿拉伯人和穆斯林等。這次行程非常緊密，每天都要走訪多個地點，空檔時間就得與同學進行小組討論，睡覺前又要做點個人反思，以及撰寫每天兩至三頁的日記。

歷史的牆壁

也許因我是建築師，所以在眼前不斷出現一個主題——「牆壁」。每一堵牆壁的大小、比例、環境、歷史背景都是如此不同，好像在迦百農看到破碎房子的牆壁，在約旦河南面馬撒大古城看到廢墟破牆的遺迹，在耶路撒冷看到厚厚的護城牆，在聖殿山旁看到惟一保留下來的牆垣「哭牆」或「西牆」。

Poleznova/Shutterstock.com

以巴之間的高牆

因為土地擁有權的爭拗，加上歷史上不止息的衝突，猶太人和巴勒斯坦人之間已然築了一堵拆不掉的「無形的牆壁」。由於缺乏對話的空間和相互的理解，這牆壁持續加高加厚，催生了一代又一代的暴力、憤怒和仇恨。當地佔少數的基督徒，多是巴勒斯坦人，他們自稱為少數中的少數，通過建立對話的橋樑，努力成為和平使者。機構 Musalaha（阿拉伯語中代表「和解」）的 Jack Munayer 與我們分享了他們的事工，有一個活動是將二十個巴勒斯坦和猶太青年帶到沙漠中一同露營，並協助雙方合作、溝通、互相理解、建立信任和友誼。在 Nazareth Evangelical College，教授 Rula Mansour 分享她作為巴勒斯坦基督徒的成長經歷，以及如何畢生致力於建立復和，以主耶穌的愛為基礎，與猶太人開展對話。在 Nazareth Baptist School，校長 Botrus Mansour 談及學校用基督教價值觀教育學生，讓教育成為不同文化和宗教之間的平台。在 Holy Land Trust，我們聽到創辦人 Sami

Awad 談到他在一間餐館和一個猶太領導人進行祕密的單獨會面，希望能建立對話及互信的基礎。他描述開始時氣氛萬分緊張，最後，猶太人卻在他面前哭泣流淚！

政治的牆壁

伯利恆城在耶路撒冷以南幾公里，屬於西岸的一部分，每次都要通過檢查站才可進出，在旁邊也可以看見石屎高牆。在 Bethlehem Bible College 的講座中，我們理解到，源於 1993 年奧斯陸協議（Oslo Accords）的和平條約，引申出不成功的兩國方案（Two-state Solution）。以色列於 2003 年以國家安全為名，開始建造西岸圍牆，完工後全長達七百零八公里，某些部分牆高達九米，中間還有五百多個檢查站。巴勒斯坦人的自由受到極大限制，要有許可證才能通過，圍牆加劇了雙方的衝突，使人與人更疏遠，甚至使仇恨更加增。

我們到達 Efrat，參觀猶太殖民區，第一個感覺就像進入了一個美國市郊新建的高尚住宅區。低密度的房屋圍繞著華麗的猶太會堂興建，有人在跑步，也有人在遛狗。一個來自芝加哥叫 R. D. 的美國猶太人，在會堂內給我們作介紹。原來他在八十年代後期，已經和家人返回以色列定居，他為猶太人能夠回歸祖先的家鄉而感到自豪。近年愈來愈多人住進西岸發展中的猶太人殖民區。離開 Efrat 之後，我們的巴士轉了

個彎，駛過鐵絲網建成的圍欄，就已身處另一個世界，見到很多正在被拆毀的石屎房屋，由屋頂黑色的水箱就知是巴勒斯坦人的居所，因為他們未有全天候的食水供應。西岸每年至少執行兩萬份遷拆令，每年平均有一千多個巴勒斯坦人無故流離失所。西岸的圍牆就成為打壓巴勒斯坦人的象徵。

人與人之間的牆壁

旅程的最後幾天，我們到了埃及。自 2011 年 1 月的革命以來，埃及就是個政治不穩定的國家。儘管如此，令我驚訝的是，在街上遇到的埃及人異常友善，許多年輕人帶著燦爛的笑容跟我們一起拍照，令我感覺到彼此之間沒有「牆壁」隔膜。

我們拜訪了科普特教會的一些高層人物。在 Anafora Retreat Center，我們得到又熱情又友善的 Bishop Thomas 款待，他花了一個小時與我們談論「先跪下、後高舉」，就像耶穌在十字架上謙卑自己以高舉我們一樣。另一個場合是 Bishop Marcos 的晚宴，首先與我們接觸的，是幾位穿著傳統黑色東正教裝束的大鬍子教士，其中一位分享了他如何透過教友選舉，成為全職領袖的經過。最後 Bishop Marcos 參加東歐東正教高層會議後，匆匆趕回來。他非常熱情好客，拉著我們每一個人合照留念。

這次旅程的高潮，應該是到開羅市郊的「垃圾城」，開羅的垃圾就堆在這個貧民窟裏。七十年代有一位 Father Samaan，神感召他來這裏開辦教會，令這個被主流社會所遺棄的人聚集的荒廢村落，轉化成以回收業為主的基督教城鎮。其中最著名的，是這裏的 Cave Church，由天然石洞雕琢而成，空間感覺令人歎為觀止。另外我們參觀一個叫 Center of Love 的基督教非牟利機構，他們專為一些殘障、有特殊需要的兒童和家庭提供服務。我們在後院遇到一個男孩，他獨自踢著一個沒有充氣的舊足球，說話不多，但臉上露出燦爛的笑容。我跟他踢了一會足球，也在離開前與他一起自拍合照。後來我發電郵給負責人 Rebecca，她告訴我男

孩的名叫 Abonob，有讀寫障礙，不能上正規學校，母親因為要謀生，想把他送到一個特殊兒童之家長住。儘管 Abonob 是個沒有父親的孩子，主耶穌的愛、喜樂與恩典仍在他身上流露出來，他完全不介意和陌生人分享自己的足球，拍照時甚至把手放在我的肩膀上。我感受到 Abonob 的純真，他沒有築起一道與人隔離的「牆壁」。我感謝上帝派來了這位小天使，令這次旅程更顯圓滿！

教會的牆壁

香港社會在各方面出現的兩極化，已慢慢地形成了一道道隱形的牆壁，將人區分開來。從這次中東之旅，我看到了可以如何扮演和平使者的角色，開創對話與和解的平台，用主耶穌的愛來瓦解種種隔離的牆壁。

作為有二十年教會設計及建築經驗的我，認定現在是一個“Kairos”的時間，我倡議堂會要把握時機，向社區開放，拆除教會的「四面牆」。在此次旅程之前，我已覺得教會作為神的託管者，應透過開放共享，讓更多的人可以使用教會閒置的空間，這是 Attractional Model，但務必要吸引到人進來。然而，自中東之旅後，尤其經歷這幾個月的疫情，我開始覺得教會更應該將眼光放遠到四面牆以外，將教會的空間拓展到社區裏面，這就是 Missional Model。

其實疫情加速了教會模式的轉變。Attractional Model 起不了作用，是因為有時候教會要停止聚會，或要作社區隔離，人流當大大減少。其實不少教會已無形中由 Attractional Model 轉到 Missional Model 了，他們透過派發口罩、清潔劑、食物等外展工作，將教會的空間推展到社區。自 2020 年 3 月起，我和教會關懷貧窮網絡建立了一個名為「教會空間轉化」的網絡，倡導教會重新考慮堂內現有空間的運用，迄今已有五十多間教會參加。我們每個月會參觀一間教會，並由他們分享如何打破四面牆，發展出不同的社區事工模式。

鍾景輝
伯特利神學院
轉化型領導學博士

14

從泰姬陵到瀕死家

印度之旅選記

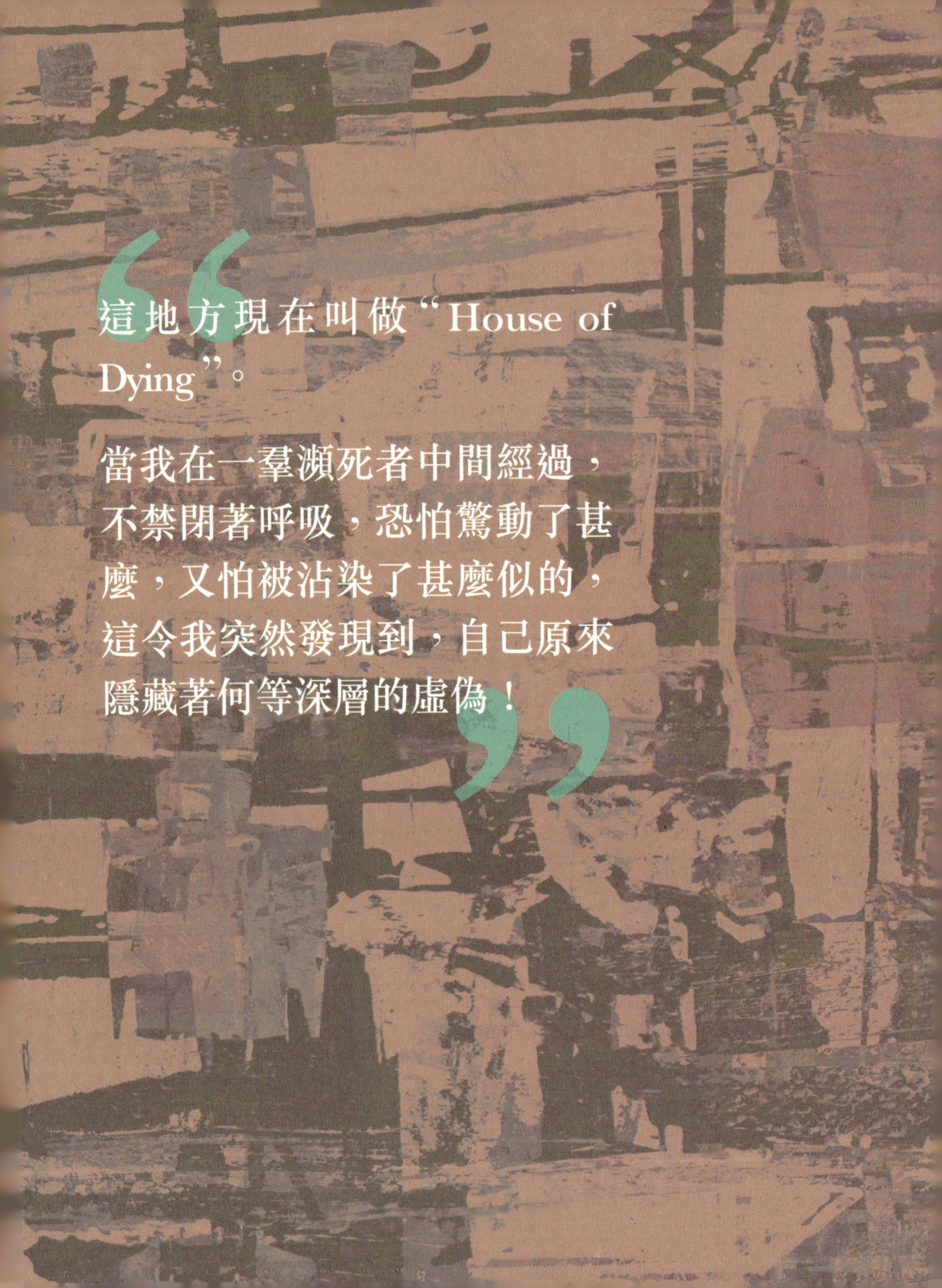
這地方現在叫做"House of Dying"。
當我在一羣瀕死者中間經過，不禁閉著呼吸，恐怕驚動了甚麼，又怕被沾染了甚麼似的，這令我突然發現到，自己原來隱藏著何等深層的虛偽！

泰姬陵代表印度文化工藝高超的水平，其故事帶著複雜深厚的情感。政治的因素可能使它成為犧牲品。

印度是一個多語言、多文化和多重階級的地方。在這個印度之旅的延福旅程，[1] 我們獲益非常豐富，現略述其中幾件事情。

聯繫延福

在首都新德里（New Dehli）學習時，得到「尋道者」（Truthseeker）[2] 創辦人蘇尼（Sunil）的熱誠聯繫，我們先後與國會議員、黨派首腦、著名詩人、社會運動領袖會面。蘇尼生於貧窮的基督教家庭，他本希望能賺到大錢，但與農民接觸的經歷改變了他一生。他因著為農民發聲而入獄，但在獄中他又領人歸主，經歷了保羅般的神蹟。他積極推動「尋道者」的工作，廣納名士和市井，助他們建立有愛、自由和尊嚴的生命。被招聚的人都被他的熱誠感動，其中有人因認識基督耶穌，由尋道者（seeker）漸漸轉化為隨道者（keeper）。蘇尼將「尋道者」的工作發展成為一個社會行動（movement），藉此嘗試打破印度階級的枷鎖。他熱情地和我們對談，不時高歌，令一向冷靜的我也受感染，很想和他高歌同行。[3] 他的延福行動，我稱之為「聯繫延福」策略（mission via networking）。

破格延福

參觀錫克廟（Sikh Temple）是我們另一種學習。該廟的地庫竟是一個大廚房兼大食堂。食堂每天開放，歡迎任何人士前來進食。讀者可能會問：不同階級的人士可以在這裏一起飲食嗎？是的，他們在講求階級的環境中，以無聲的行動來打破階級的轄制。使徒行傳二章記載早期教會信徒同心遵守教訓，一起用飯的景象，我竟在這廟中親眼見到。我常以聖經的話為生活的原則，卻較少有機會這樣親身體會，叫我深感自身屬靈生命的愚拙！[4] 我相信每個時代都有該時代的問題，我們是否能有超乎常規，卻又合乎真理的方法去處理呢？這是我從錫克廟學到的功課，而我稱這為「破格延福」策略（mission via breaking norms）。

同住延福

在加爾各答（Kolkata），我們住宿的地方離德蘭之家（Mother Teresa House）步行不足五分鐘。德蘭修女照顧最低下的人，其服事感動了許多人，連印度教寺廟的大祭司，也因此放下了階級或潔淨問題的考量，騰空寺院部分地方，給她用來服事瀕死者。這地方現在叫做“House of Dying”

"House of Dying"原是印度廟的一部分。表面和諧的建築裏面躺著百多位瀕死的人。

(垂死人之家)。當我在一羣瀕死者中間經過，不禁閉著呼吸，恐怕驚動了甚麼，又怕被沾染了甚麼似的，這令我突然發現到，自己原來隱藏著何等深層的虛偽！[5] 1997年德蘭修女返回天家，她留下的事業至今卻仍持續發展，當地的人都以這基督教事工為傲。這個經歷，讓我明白道成肉身，住在我們當中的真理，我稱這為「同住延福」策略(mission via dwelling)。

宣教先驅、全人關顧

印度的階級制度[6]掌控了這片土地數千年。低下階級的人要用背拉著木板走路，以掃平留下的腳印，潔淨道路，而這舉動也只取消了十多年。印度的城市發展跟其他城市相似，現代化和社會流動，稍為淡化了階級制度，但政黨集團卻仍利用階級制度來取利。應如何有效地轉化這複雜

"House of Dying"右上角有一淡淡的十字架，其下用印度文和英文寫著「我渴了」(I Thirst)字樣——這給我帶來了無聲的震撼。

的城市，來實踐延福萬族的使命？十八世紀時，威廉克里(William Carey)為當地開辦了學校、醫院、神學院、教會、圖書館、孤兒院、婦女中心、農場等，又將聖經翻譯成印度九種不同的文字；亨利馬廷(Henry Martyn)更將聖經譯成詞藻優美的波斯語。我實在對這些前輩的能力感到驚訝，他們讓我看到上主使用人時，叫人的腦袋竟不受罪性玷污所影響，以發揮出我們無法想像的能力。[7]今天我們說的「全人關顧」，[8]其實也是學習他們的策略。

多元策略、回應需要

前輩的服事不斷有後繼者接續。四十年前，西方教士創立了 Emmanuel Ministry，事工現在全由印度信徒主理，為危機兒童、婦女、貧弱者提供多樣化的服務。今天有國外新進人士，以營商的方式延福，建立了"The 8th Day Café 和 Urdu Muslim Community"，跨國團隊 Freeset 和 IJM 亦分別以無償的方式和法律的方法來服務被賣的女性，這些都是

令人感動流淚的見證。眾機構的工作不止於提供服務，更會加上神學反省，以聖經真理和三一神的屬性作基礎，調整事工，建立屬靈操練及延福策略：聯繫延福、破格延福、同住延福、營商延福、打擊罪惡延福、政治工作延福等。面對二十一世紀城市多元的需要，我們正需要更多樣化的組織和策略，以祈在末後的日子，回應天國的呼召，作雲彩般的見證。[9]

總結

柏棋博士常說「城市就是實驗室」。[10]這次印度之旅，就像是我們的實驗室。印度的多樣化（diversity），逼使我們要打破舊有的框架和方法，[11]並提醒我們世界亦是如此多元（pluralistic），要求我們活出福音多方面的大能，這是我這趟旅程的最大學習。我們發現這亦可以應用在今天的香港，若看香港為延福的實驗室，我們需要怎樣的屬靈原則和延福策略來回應？這是今天信徒必然要面對的挑戰。

註釋

1. 英語 Mission 一詞一般中譯作「宣教」。但在二十一世紀創啟地區中，宣教這字與帝國主義、西方霸權等概念糾纏不清。因此，在這些地區已漸漸不使用「宣教」一詞，而代之以「延福」。「宣教士」也改稱為「延福使」或稱為「愛關使者」。詳參考：高雅真、叔紀田、Hope S. Antone 等學者的作品。
2. Truthseeker International 是一個以基督為宗的團體，仿效印度社會運動基督徒 Jotirao Phule 於十九世紀所創立的"Society for the Seeker of Truth"而命名。團體目的是協助印度人，特別是低下階級及無階級賤民追求認識真道（參考：http://www.truthseekersinternational.org）。
3. 「我們向你們吹笛，你們不跳舞；我們向你們舉哀，你們不搥胸。」（太十一 17；另參路七 32）
4. 「……先知說：不然，主要藉異邦人的嘴唇和外邦人的舌頭對這百姓說話。」（賽二十八 9～11）
5. 「主說：因為這百姓親近我，用嘴唇尊敬我，心卻遠離我；他們敬畏我，不過是領受人的吩咐。」（賽二十九 13；又太十五 8 和可七 6）
6. 階級制度於主前 1500 年左右由雅利安人傳入，與當時的卜納卡文化結合而成今天的階級種姓文化。傳統上印度主要是分為五個階層，每階級又再分為次階級。幾十個階級可看為一種特殊的分工制度，低級的作一些污穢（Dirty）、危險（Dangerous）和困難（Difficult）的三 D 工作。詳可參考網上資料。
7. 這是柏祺博士的話："When God uses a person, He makes him a sin-free brain and mind to work with."
8. 我們今天常用 holistic approach 或 integral mission。這是為了回應傳福音和社會關懷的辯論而興起的概念。上世紀六、七十年代，這兩極化的討論將原是一體的見證生命分割來看，這雖可達致分析的效果，卻帶來了二分的思維。

9. 希伯來書一章 1 至 2 節。
10. 原文為 "City as a lab"。出自 Ray Bakke 著作 *Theology as Big as the City* 的引言。
11. 新酒不能裝在舊皮袋裏（太九 17；可二 22；路五 37）。

Zvonimir Atletic/Shutterstock.com

Zvonimir Atletic/Shutterstock.com

游淑儀
牧師博士
宣道會屯門堂主任牧師

15

馬尼拉城市考察

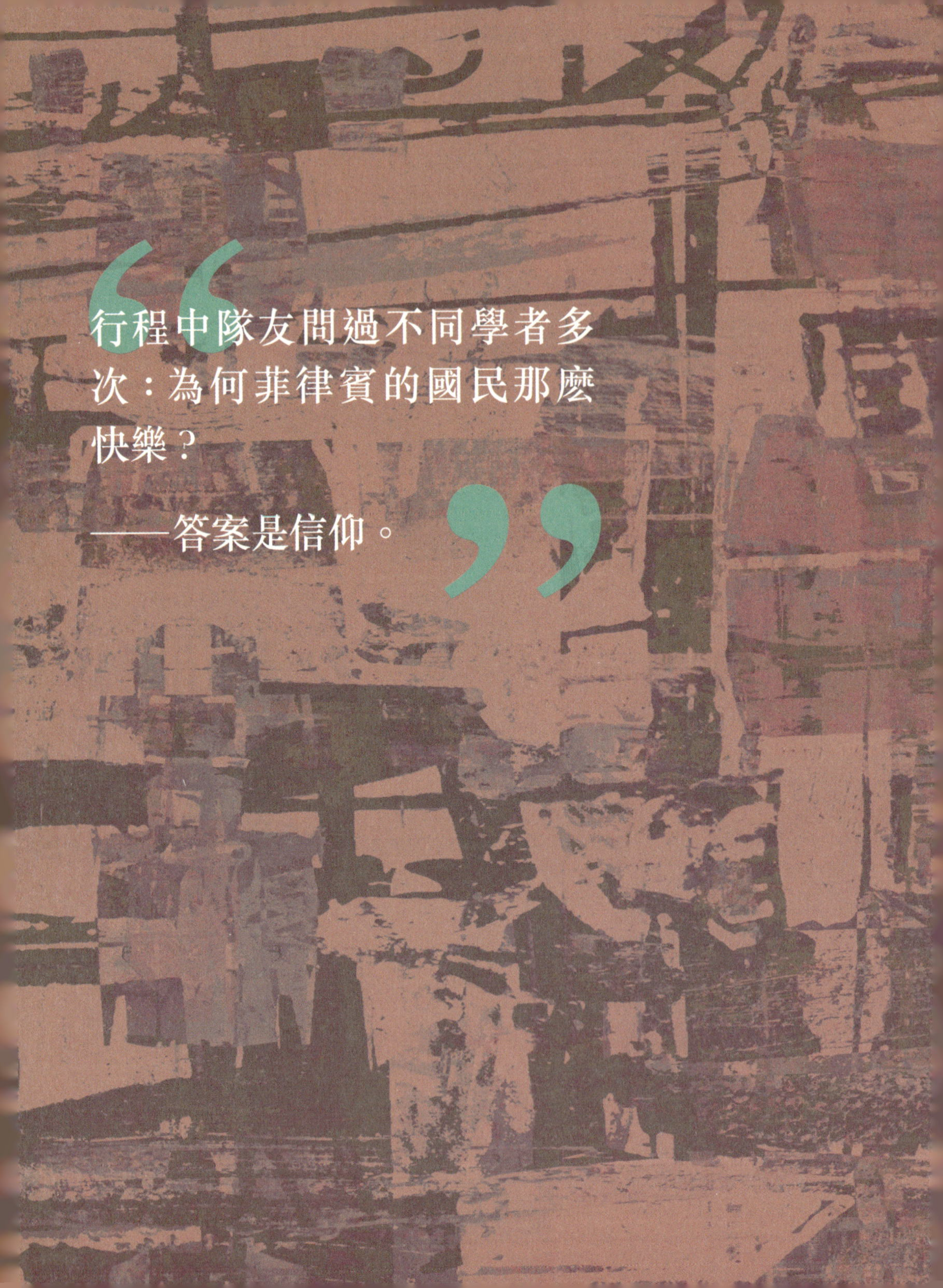
行程中隊友問過不同學者多次：為何菲律賓的國民那麼快樂？
——答案是信仰。

首個印象

2019 年 4 月初，我們一行十四人參與柏祺城市轉化中心城市研究課程的馬尼拉城市考察，行程共九天。感謝柏祺總監陳敏斯博士的帶領，我們隊員包括修讀課程的牧者和機構同工，也有來自扶貧的福音機構的同工。這個多元化的組合實在豐富了我們團隊的學習。

我們抵達馬尼拉時已經夜深，城內因街燈照明不足，顯得格外陰沉，可是想不到午夜的公路仍然十分塞車，而且不少電單車穿梭往來，險象環生！後來知道前面公路發生了交通意外，驟眼看來，失事車輛應是超載的。馬尼拉的經濟雖然發展迅速，但城市配套卻追不上，銜接不足，我們往後的整個行程，塞車是常態。

路上團友亦免不了談起了 2010 年香港旅客在馬尼拉發生的「人質事件」，大家都有點猶有餘悸！

各人拖著疲乏的身軀休息，卻帶著期待去認識這個「白花」之城。[1]

行程點滴

我們先從參觀博物館（Ayala Museum, National Museum）認識菲律賓。菲律賓天然資源豐富，堪稱「黃金祖

先」(Gold of Ancestors),卻因人類的貪婪而飽受戰爭摧殘。我們從市南「王城區」(Intramuros)的遺址中,便可感受曾造成十萬菲律賓平民死亡的戰役究竟如何慘烈。

考察過程中,我們有機會了解一下貧民區和垃圾區(Tondo、Payatas、Kawit Shrine)的生活。我們看到簡陋的木屋被垃圾重重包圍,在高達攝氏三十五度的高溫下,蒼蠅處處,散發著惡臭,孩子們赤足在污泥上行走,嘗試在垃圾堆中「尋寶」!感恩的是,我們看到教會在社區中作服事,牧者更帶著美麗的願景——建立更像天堂的世界,這實在教人十分感動!他們在那裏提供有益身心的服事,傳揚福音,建立教會。我們的團隊一同參與雞粥分享,探訪家庭⋯⋯看到孩子們臉上流露出滿足的笑容,好像知道他們不曾被遺忘,

人間仍有愛！

走訪機構

菲律賓約一億七百萬人口，卻有二千二百萬人生活在貧窮線下。[2]

擁有世界上最大的貧民窟，四百多萬人住在骯髒的棚屋裏，面對著火災、罪惡和致命的有毒煙霧。[3]

面對如此嚴峻艱苦的城市，基督徒可作甚麼呢？我們走訪了多間福音機構，卻見到神恩處處：

- 使命事工 MMP（Mission Ministries Philippines）以服事貧困家庭兒童為目標。透過為兒童提供良好的基督教教育，消除貧困的惡性循環。他們在貧民窟中開展了許多社區服事，並與不同教會、機構及神學院結網和合作。
- 社區轉化中心 CCT（Center of Community Transformation）是一間有十六項事工、一千四百位員工的龐大扶貧機構，服務範圍包括幫助流浪家庭，建立企業扶貧，提供中途宿舍，生活及醫療協助，工作培訓及輔導等。

- 與貧窮人同行 CWTP（Companion with the Poor）的使命是動員信徒及與當地教會，合力在貧民區建立教會。目標是到了 2020 年，可培訓一百名傳教士和到八十個堂點做培訓工作。
- 撒瑪利亞人 Samaritana（Transformation Ministries）是專服事被性侵、賣淫的婦女，幫助她們重過新生活的機構。據統計，菲律賓從事性交易的女性多達八十萬，部分更是未成年的雛妓。[4] 由此可知其工作是何等具挑戰性——和有意義！
- 國際關懷事工 ICM（International Care Ministries）是致力為極端貧困（ultra-poverty）的家庭提供幫助的龐大機構。其服事地區人口高達二千萬，其中二百二十萬人生活在極端貧困中，那些人每天生活費低於 0.5 美元。ICM 所服事的對象或經驗，不單在本土，也延展至香港及其他地方。
- 發展生活 KMBI（Kabalikat para sa Maunlad na Buhay, Inc.）是提供小額信貸的福音機構。目標為菲律賓的貧窮人提供實質的貸款、指導和培訓，以實現創業，改善生活。KMBI 經過三十一年的發展，已擁有超過十一萬客戶。
- 亞洲教會和文化研究所 ISACC（Institute for Studies in Asian Church and Culture）是致力於跨文化研究和培訓的組織，該組織的願景是把基督的福音植根於亞洲文化

中，以其價值觀念幫助社會轉化。

離開馬尼拉之前，我們到訪希望工程村莊，簡稱 GK（GK 是 Gawad Kalinga 的簡稱，菲律賓語意思是照顧）。GK 由當地的天主教徒發起，目標為改善國民的居住環境。至今不少基督徒羣體、志願團體加入合作，功效顯著。現有近三千個這樣的房屋项目在服事不同羣體，期望到 2024 年能為五百萬個家庭解決住屋難題。有些 GK 社區本是穆斯林羣體，因著基督徒及不同志願團體攜手合作，促成了宗教共融，也成了福音的鬆土工作。

- 菲律賓的基督徒十分關注社會中的弱勢社羣，即是社會中資源最缺乏，容易受壓制、受歧視的人。以上多元化的機構服事就像發揮了鹽和光的精神，其見證令人驚訝！並一步步帶來了城市的轉化。

走訪教會

菲律賓的問題可說「多籮籮」，不但貧窮、住屋問題嚴重，天災亦特別多——每年平均受二十次颱風和風暴吹襲！[5] 奇妙是國民的快樂指數甚高！根據蓋洛普 2018 年 1 月發佈，香港全球排名倒數第七，是十大不快樂地區之一。但菲律賓卻是全球第三大快樂國家！菲律賓人是眾所周知的快樂、堅韌的人⋯⋯甚至在艱苦的時候也能微笑。[6]

行程中隊友問過不同學者多次：為何菲律賓的國民那麼快樂？——答案是信仰。那麼，馬尼拉的教會是怎樣的呢？我們走訪了多間大型教會：

- 聯合教會（Union Church）是過千人的大教會，設有多堂崇拜及分齡崇拜，其特色是融合不同種族的敬拜，禮堂和教會中庭樹立了各國國旗，流露出其國際化的特色。
- 每日教會 DBD（Day by Day Church）每主日超過六千人聚會，共二百個家庭點。從 2005 年起，教會租用市內文化中心的民間藝術劇院作主日崇拜。其崇拜特色是重視本色化，以採用大型菲律賓民族舞蹈和詩歌風格而聞名。

- 勝利教會 VCC（Victory Church）在全菲律賓共有四十個聚會點，約十二萬五千會眾。VCC 的年青人工作很有果效。教會著重崇拜及門徒訓練（Equip and Empower），矢志為上帝的國度培育有生命見證的領袖和門徒。
- 菲律賓主要的宗教信仰為基督信仰，佔 92% 是基督徒（81% 天主教徒，11% 基督徒）；[7] 穆斯林是第二大宗教，約佔 5.6%（但菲律賓全國穆斯林委員會〔NCMF〕曾估計，菲律賓有一千零七十萬穆斯林，約佔總人口的 11%）；[8] 民間信仰則佔約 2%。[9]
- 菲律賓基督徒的數目雖多，然而當地的教會沒有因此而自滿，她們繼續努力不懈為神得人，建立教會！這給了我們極大的激勵！

領袖榜樣

美善的事工背後是忠心委身的領袖，難忘：

- Dr. Lorisa "Corrie" Acorda-De Boer 傳承了恩師柏祺博

士城市宣教的異象和使命，與丈夫一同創辦「使命事工MMP」，她在菲律賓做了許多美好的福音工作，堪稱為「全球使者」(Global Ambassador)。

- 「社區轉化中心 CCT」的創辦人 Dr. Ruth Callanta 雖然成長於中產的基督徒家庭，但在家庭信仰的薰陶下，學會與人慷慨分享財產和資源，年輕開始已有志於解決國家的苦難問題。她把事工建立在屬靈真理的基礎上，堅信服事是虔誠生命和順從上帝的自然流露。
- Jonathan 和 Thelma 夫婦創辦了「撒瑪利亞人 Samaritana」事工，他們夫婦倆凡事同心尋求，並敏銳、順服聖靈的帶領，把基督的愛帶給痛苦的女性，成功將事工與全人關懷結合起來。
- 「與貧窮人同行 CWTP」的創辦人 Raineer Chu 本身是律師，卻只用 20%時間從事法律工作，把 80%時間及薪金放在於貧民區建立教會的使命上。他捨棄舒適的生活，甘願與貧窮人同行，委身服事超過二十年。在貧民區的服事中曾被瘋狗咬傷，又數次感染肺病，甚至面對死亡的威脅。

這些活現生命的見證人，彷彿如雲彩般圍繞著我們，綻放出上帝的熱和光。

回顧整個旅程，筆者更體會在城市中學習的寶貴，正如

柏祺博士說："City as a Lab"，城市正是新的宣教戰線和新的實驗室。[10]

註釋

1. 馬尼拉之名在西班牙殖民時，起源於塔加洛話，意思是這裏有白色花。〈異國情調　馬尼拉採擷〉，《自由時報》(2006 年 1 月 11 日)〔網上文章〕；取自《自由時報》網頁 (https://ent.ltn.com.tw/news/paper/52548)；檢索於 2019 年 10 月 28 日。
2. 〈菲律賓貧窮率下降 仍有 2200 萬人陷貧窮線下〉，《自由時報》(2019 年 4 月 10 日)〔網上文章〕；取自《自由時報》網頁 (https://ec.ltn.com.tw/article/breakingnews/2754592)；檢索於 2019 年 10 月 28 日。
3. 〈直擊菲律賓貧民窟：400 多萬人居住於此，面臨火災、犯罪等威脅〉，《每日頭條》(2019 年 6 月 14 日)〔網上文章〕；取自《每日頭條》網頁 (https://kknews.cc/world/mnzo23z.html)；檢索於 2019 年 10 月 28 日。
4. 〈菲國少女悲歌　販賣人口被迫賣淫〉，《TVBS新聞網》(2013 年 5 月 17 日)〔網上文章〕；取自《TVBS新聞網》網頁 (https://news.tvbs.com.tw/world/210748)；檢索於 2019 年 10 月 28 日。
5. 〈【颱風山竹】風雨中的沉思　菲律賓人的眼淚　港人看到嗎？〉，《香港 01》(2018 年 9 月 15 日)〔網上文章〕；取自《香港 01》網頁 (https://www.hk01.com/01 觀點/235615)；檢索於 2019 年 10 月 28 日。

6. 〈最新全球10大快樂國家排行榜出爐，菲律賓第三！〉，《每日頭條》（2018年1月3日）〔網上文章〕；取自《每日頭條》網頁（https://kknews.cc/world/nvab6j2.html）；檢索於2019年10月28日。
7. Philippines in Figures: 2014，網際網路檔案館的存檔，存檔日期2014年7月28日，Philippine Statistics Authority；檢索於2019年8月1日。
8. 2013 Report on International Religious Freedom: Philippines (United States Department of State), 28 July 2014; accessed 1 August 2019.
9. Pew Research Center's Religion & Public Life Project: Philippines Research Center, 2010; accessed 1 August 2019.
10. 柏祺（Ray Bakke）著，鄧達強譯：《城市人，城市心：同建合神心意的城市》（*A Theology as Big as the City*）（香港：宣道，2001）xxvii。

李素鳳
博士
香港浸信教會

16

美國華盛頓哥倫比亞特區、紐約市實驗之行

不要再問這城市的光景將會是
好是壞，
而要轉換思想，問神已賜下甚
麼禮物給這個城市。

認識美國，始於小學老師講述航海家哥倫布發現美洲新大陸。當時的我覺得十分稀奇，原來一個「國家」的所在地就是這樣被偶然發現。令人驚訝的是，這個只發展了二百多年的國家，在經濟、科技和軍事方面，均已在全球產生巨大的影響力。美國於 1776 年 7 月 4 日宣佈獨立，在美國的紙幣上也印有"In God We Trust"的國家格言。然而今日的美國，秉持基督教世界觀的人口，正出現逐年下降的趨勢。我們仍堅信基督教可以影響社會，還是覺得世俗文化或政治，正在影響著基督教？

美好的開始

到達華盛頓杜勒斯國際機場已是傍晚，由於眾人都說美國的安檢很嚴格，本以為要在機場的安檢過程中煎熬一陣子，最終卻出乎意料地順利過關，沒有任何阻攔。初次踏入美國國境，我不期然想起大眾對美國的種種評價，驟覺若要放下對美國的既有看法，還得親身體驗一下這座城市。

全球城市轉化起動日

不同種族，一同敬拜

「起動日」的聚會地點是在華府新落成的聖經博物館。剛到埗，我們便經歷到安檢的嚴密了！這種經歷可說重複又重複，我後來才得知安檢背後的原因。原來三天密集式的「起動日」聚會，招聚了不同國家的領袖人物，而當中不乏為人熟知的領袖。不過，最重要的是，神讓我知道，祂就像往昔一樣，為自己留下了七千人，是不向世俗主義跪拜，不與世俗親嘴的。不管這世代是何等邪惡，神從沒有向我們掩面。另一使我印象深刻之處，就是不同膚色種族的與會者穿梭會場，卻說著英語這同一種語言，讓彼此的距離拉近了。當時，我想起人類因建造巴別塔，結果被神變亂口音，分散四方。今日，分散的又再聚合，再一次用共同的語言溝通，一同敬拜，一同分享神在各國的作為。這豈不是神的手正在描繪的一幅美麗景象嗎？

尋找神給予城市的禮物

大會三天早上短講信息時間的經文是用詩篇二十三篇。我很喜歡 Dr. Nicole Martin 將行過死蔭的幽谷形容為 "dancing in the dark"。仇敵往往會用盡方法，令我們感覺自己停留在黑暗中，所見盡都是負面的事物，認定這些都是不可改變的。誠然，我們常常忘記神與我們同在，我們的眼目時常定睛在城市的敗壞，並因著眼前的景象而喪志，覺得敗壞的情況只會每況愈下。Dr. Nicole Martin 的信息正正回應了大會講員的分享。與會講員提醒我們，不要再問這城市的光景將會是好是壞，而要轉換思想，問神已賜下甚麼禮物給這個城市，祂其實容許無限的創意。今日我們所看見的所遭遇的，只是一幅未完成的圖畫，所以毋需懼怕黑暗，黑暗只是過程中的一部分，神早有計劃，祂要帶我們去更美之地。我內心有一微小的聲音對我說：「神在城中，城不動搖！」

那麼遠的事，卻這麼近的感受

「起動日」聚會有一個環節，由不同國家的代表分享自己國家的事工。他們有一個共同的信息，就是建立網絡（networking）和合作（collaboration），集結力量一同轉化城市。每個轉化故事都引發與會者的歡呼聲，因大家聽見神在各地的工作，都用掌聲將榮耀歸給神。我們原本身處不同地域，這些似乎不太相關的地方轉化，卻因大家聚在一起，奇妙地變得相關起來，能互相激勵。神放置我們在其中，讓我們感受祂的作為，祂的恩典實在是何等豐厚。美國夏洛特市（Charlotte）是其中一個令人振奮的例子，也是教會可作為參考的案例。我欣賞教會與教會間彼此並肩合作，一同禱告，一起研究夏洛特各層面的需要，包括收入不平均、種族、教育、家庭及社會資本等問題。大家按照聖經的教

導，加上具策略性的部署，一起為夏洛特向上游而大發熱心，一同開會商討。這不是個人的行動，而是跨教會的行動。不同恩賜的人給動員起來，各按其職分工，甚至教會與學校一起合作。他們也關心社會的邊緣階層、弱勢的兒童、居住的問題等。現今千禧的世代，愈來愈與教會失聯，教會也積極面對這個問題。至於職場的問題，教會鼓勵在職人士將信心與工作連結起來（faith-work integration），培育職場領袖。教會也致力於外展工作，接觸有需要的未信者。結果，在不同層面的轉化下，成功轉化了夏洛特市。

紐約市

結束三天「起動日」的聚會，我們乘車往美國最繁華的城市——紐約。紐約是商業都市，與首府華盛頓哥倫比亞特區截然不同。此行有柏祺博士同行，配以他獨有的門徒式訓練講解，確實是恩上加恩。

Lewis Tse/Shutterstock.com

911 事件

來到紐約市，總不能錯過遊覽景點自由神像及參觀 911 紀念館。象徵美國自由精神的自由神像，吸引了很多遊客，務要一睹其風采，似乎這自由的空氣格外使人輕鬆。而歷史也告訴我們，美國的人口是由不同種族組成，他們因追尋自由的夢想而來。相反，在 911 紀念館內，參觀的人都一臉嚴肅。紐約市經歷了 911 事件後，即使相隔十多個年頭，我仍然感受到美國人所留露著的一份傷感。從柏祺博士得知，原來滿有自信的美國人從未料到會遭受侵襲，更沒料到只是幾位死士，便使得兩幢國際級金融貿易大樓倒下，國民死傷無數。這對美國人是一次極大的打擊。此事之後美國花了龐大的開支在安檢措施上。

擴闊視野

餘下的幾日行程，我們把握時間探訪不同教會，並涉獵不同機構在城市的福音工作，也在一些舊區和黑人聚居的地方短暫停留。一間位於哈林，由學校改建而成的教會 Bethel Gospel Assembly 令人印象深刻。教會的崇拜場地，儼如一個大型演奏廳呢！另一間名為 Christian Culture Centre 的教會，其設計跳出教會傳統的框框，創意非凡，其氣氛近似社區活動中心，卻同時又放滿了信仰的擺設，接待員更被派到迪士尼樂園受訓，總之一切叫人流連忘返。另一邊廂，機構關懷無家者和釋囚的工作，也使人振奮。每次聽見機構的負責人傳遞神給機構的異象，都能感受他們的那份熱情，我深信他們的熱情是來自忠於神給他們的異象。以上的每一個生

命都見證著那份無私的心懷，服事社會上有需要的人，在我內心激發起要效法他們的一股動力。

無可替代的經驗

當然，我們也樂意進入當地文化，盡情嘗試當地的地

道菜式！在飯桌上的交誼，住宿上的彼此照顧，也為整個行程增添了很多窩心的回憶。透過城市體驗的學習，加深了我對神國度的認識，真切體會到無牆的教會，共同的生活和學習，團隊中的求同存異，這實在是一次很寶貴的經驗呢！

附錄
Appendices

附錄一

伯特利神學院
柏祺城市轉化中心

簡介

在急劇的全球化和城市化的浪潮下，宣教模式產生很大變化，基督徒領袖在「城市宣教」上的裝備刻不容緩。本中心致力發展和提供適切的課程，以回應時代和社會的需要。我們鋭意成為這些領袖的終生夥伴，支持他們拓展和推行各種為城市帶來轉化的事工。

為推動城市轉化、加強基督徒領袖在城市宣教事工上的裝備，柏祺城市轉化中心於2012年在伯特利神學院內成立，並以柏祺博士（Dr. Ray Bakke）命名。柏祺博士是美國柏祺大學研究院的創辦人，擁有豐富的城市宣教經驗，被公認為城市宣教工作的先驅。雖然柏祺博士已於2022年初安息主懷，但他對城市的熱愛，仍然深深啟發我們。

使命宣言

- 提供透過處境化及基督信仰為基礎的教育，具創意地傳遞城市宣教訊息，栽培及裝備信徒領袖，有效地在城市中傳揚福音及牧養不同的羣體。
- 致力成為這些領袖的終生夥伴，繼續裝備和服事他們，為他們提供教導、研究、諮詢、網絡及合作機會，支持他們拓展和推行各種為城市帶來轉化的事工。

核心價值

- 凝聚有承擔及富城市宣教經驗的領袖
- 透過使命教會將整全福音傳遍世界各地
- 城市就是我們的實驗室
- 終生學習和裝備

課程師資

陳敏斯教授、呂慶雄博士、陸輝牧師、鄧達強牧師、紀治興博士、賴淑芬博士、鄺偉文博士、司徒永富博士、史蒂文斯教授、赫傑遜教授、陳劍光博士，以及其他伯特利神學院教授和講師。

顧問團（按字母或筆劃序）

Rev Richard Higginson、Rev John Snelgrove、Prof Paul Stevens、王仕雄博士、何志滌牧師、紀治興博士、許志超博士、陳炎光先生、陳家華教授、陸輝牧師、黃鐵城先生、劉忠明博士

中心委員會

屈偉豪院長（主席）、司徒永富博士（副主席）、陳敏斯教授（中心總監）、馬文藻博士、楊建霞女士、鄧達強牧師、鄭建德博士、賴淑芬博士、謝思熹博士

學位認證

伯特利神學院為「美國國際基督教大學院校協會」會員（美國維吉尼亞州森林大道 15935 號；電話：(434) 525-9539；電郵：info@tracs.org），並於 2020 年 4 月 21 日通過協會審查委員會審查，得到第四類機構認證資格。此資格有效期限為十年。「美國國際基督教大學院校協會」是經「美國教育部」、「高等教育認證協會」及「高等教育品質保證國際聯盟」（INQAAHE）認可之認證機構。

聯絡我們

香港九龍嘉林邊道 45～47 號
伯特利神學院
柏祺城市轉化中心
電話：(852) 2148-5577
傳真：(852) 2336-1852
電郵：rbc@bethelhk.org
網站：https://www.bethelhk-rbc.org

附錄二

大事年表

2005 年 西北事工研究院（Northwest Graduate School of Ministry）正式改名為柏祺大學研究院（Bakke Graduate University），柏祺博士繼續留任校長

2006 年 柏祺大學研究院（BGU）在香港開設分校和招生

2009 年 BGU（HK）首批教牧學博士生畢業

2011 年 祈禱小組正式成立、BGU 宣佈重組，結束香港分校

2012 年 BGU（HK）及伯特利神學院（伯神）董事會通過將其課程納入伯神，並成立柏祺城市轉化中心

2012 年

5 月 柏祺城市轉化中心在伯神內成立，柏祺博士親臨主持奉獻禮

8 月 赫傑遜博士（Richard Higginson）為中心作首次公開講座

10 月 柏祺博士帶領首批學生前往中東考察

2013 年

1 月 首次與彼得．德魯克管理學院合辦「基督教機構／教會轉化式領導及管理課程」

3 月 中心期刊《城市心》創刊號面世

3 月 史蒂文斯教授（Paul Stevens）首次在伯神任教，並為中心作多場講座及工作坊

4 月 首次舉行「城市轉化研討會」，並由司徒永富博士主講

5 月 一週年紀念步行籌款，並籌得超過港幣 100 萬元

2014 年

2 月 首次在港協辦「全球領袖高峰會」

6 月　誕生首位教牧學博士陳鏡榮及轉化型領導學博士楊榮軒

6 月　首次舉行「城市轉化」異象分享晚會，籌得款項超過港幣 100 萬元

2015 年

4 月　伯神通過「美國國際基督教大學院校協會」（TRACS）審查委員會審查，得到第四類機構認證資格

6 月　首次頒發「柏祺城市轉化獎學金」予最佳論文，並由應屆畢業生王仕雄獲得

9 月　首次跟證主合辦「教牧領導力發展日」

2016 年

3 月　與證主領導力學院合作出版第一本「城市轉化系列」中文書籍《4P 企業——起動與持續》

7 月　推出「職場轉化」深造證書及文憑課程

9 月　重整並再推出「城市事工」各碩士課程

11 月　推出「城市事工」深造證書及文憑課程

2017 年

4 月　比亞博士（Mac Pier）來訪，積極準備首屆在港舉行的「全城起動日」（Movement Day Hong Kong）

5 月　中心五週年紀念，首次舉辦攝影比賽「香港——希望的展示」

6 月　首批國內博士生畢業，總人數也打破歷年紀錄

9 月　中心首本書籍《當城市遇上神學——12 個城市轉化的故事》面世

10 月　　柏祺博士親臨作五週年紀念感恩崇拜和慶祝晚會主禮嘉賓

2018 年

3 月　　「全城轉化起動日」首次在港舉行

5 月　　慶祝柏祺博士八十大壽、舉行感恩晚宴

10 月　　「使命商道論壇：實踐神學的社羣轉化」在香港浸會大學舉行

10 月　　進行首個研究項目——「留堂會、離堂會」問卷調查

2019 年

1 月　　首次舉行「轉化實踐研討會」:「相信但不相干？」

3 月　　推出「恩．賞．探索」(Appreciative Inquiry)工作坊

3 月　　「留堂會、離堂會」調查結果發佈會及座談會

10 月　　柏祺博士著作 *A Theology as Big as the City* 中文新譯本《擁抱城市的神學》出版

12 月　　「反修例運動與教會牧養」研究發佈會及座談會

2020 年

3 月　　與證主及高宏國際合辦「巨浪中的領導——逆境下調適與變革的策略」網上研討會

3 月　　成立「柏祺同行基金」，首輪基金超過港幣 150 萬元，並全數批出予 21 間教會和機構

10 月　　「疫情中的教會牧養及網上崇拜」研究發佈會

11 至 12 月　「疫情中的教會牧養及網上崇拜」研究系列座談會

2021 年

6 月	推出「基督教研究碩士（職場轉化）」課程
6 至 7 月	「教會新型態」研究發佈會及研討會於網上舉行
11 月	推出「基督教研究碩士（城市事工）」課程
11 月	推出「轉化實踐系列」，首次主題為「教會篇」；由李志剛牧師博士及游淑儀牧師博士分享
12 月	「香港基督徒靈性狀況」研究發佈會

2022 年

1 月	博士課程報讀總人數突破 100 人
2 月	柏祺博士於家鄉西雅圖逝世，終年 83 歲
3 月	柏祺博士追思會
4 月	九位博士生通過論文口試；畢業人數再創新高
5 月	推出「教會數碼化——迎接《Web 3.0》帶來的更新和轉化」課程
9 月	「香港青年基督徒靈性狀況」研究發佈會
10 月	中心 10 週年紀念新書《神學 · 轉化 · 行動》出版

附錄三

博士論文題目

柏祺大學研究院(香港)2009~2012

伯特利神學院 2014~2022

年份	題目	作者
2009	Christian Music: The Path and Challenge for Urban Mission in Contemporary Chinese Society 基督教音樂:當代華人社會城市宣教的途徑與挑戰	CHI, CHUNG MIN JOSEPH 吉中鳴
	A Survival Kit for Pastors to Manage Church Conflict in Hong Kong 香港教牧面對牧職衝突的研究及指引	LIU, TAK HON LAMUEL 廖德漢
	The Experience and Reflection of Hong Kong Seminaries Facilitate the Pastors in the Guangdong Province of Mainland China to Face the Challenge of Urbanization 香港神學院校支援中國廣東省牧者面對城市化挑戰的經驗與反省	MAN, CHAN YUN TERENCE 文燦潤
2010	Evaluation the Scope and Effectiveness of Existing Marketplace Ministry in Hong Kong with an Aim to Develop a Roadmap to Launch the Same in Local Churches	CHAN, MAN SE NATALIE 陳敏斯
	Building a Model of Evangelizing Among the Poor in the Urban Context of Hong Kong 適切香港都市處境貧窮人士之宣教模式探討與反省	KWONG, YUK TING 鄺玉婷
	Yeah Show Show What 棟篤笑大型音樂佈道會之探討與反省	LAM, ENOCH 林以諾
	Church Renewal — From Swatow Ethnical Church to Urban Church 「以語言族羣為本位」到「以城市為本位」的教會更新	NG, ON KEUNG 吳安強

	Transformational Management and Administration in Biblical Principles and Perspective for the Urban: God-Centered Management and Administration for Christian Ministerial Workers	WONG, SIN YI ANNISA 汪善儀
2011	Spiritual Nurture of Company Small Groups for Witnessing and Transformation in Marketplace	LAM, SING SHUN PETER 林誠信
	Responding to the Urban Needs — The Organic Church Model 回應城市需要的有機教會模式	LAU, CHI HUNG 劉志雄
	To Develop an Urban Missional Church 從持續教育去透視及拓展「使命導向，回應城市」的教會	LOO, CHI KEUNG TITUS 羅志強
	Peacemaker — An Urban Mission Training Program for Hong Kong 適切香港教會關懷貧窮人——「和平之子」社區關懷訓練的探討	LUI, PO MING 呂寶明
	An Integration of Bakke Model of Urban Ministry into Shanghai YMCA Ministries 柏祺理論的本土實踐與發展研究——以上海基督教青年會運動為中心	WU, JIAN RONG 吳健榮
	Strategy for Church Development in Yichang in the Midst of Urbanization 宜昌教會在城市化進程中福音事工的挑戰	ZHU, ZHI GUO 朱致國
2012	A Biblically Based Neuro-Linguistic Programming (BNLP): A Biblical Reconstruction of NLP for Training Chinese Leadership in the Marketplace	CHAN, KWOK PING JOHNNY 陳國平
	Spiritual Nurture of Hong Kong Christian Artistes 香港基督徒藝人的靈性牧養	CHEUNG, SHUNG TAK PETER 張崇德
	Walking with Spiritual Directors: An Act of Supporting, Discerning and Sustaining	CHOI, KWEI HANG ALAN 蔡貴恒

Review and Prospects of a Volunteer Training Program: A Case Study of Yingde City, Guangdong 一個國內義工培訓課程的檢視與前瞻——以廣東省英德市為個案	CHOW, LAP KWAN 周立群
The Reconstruction of Cell Group with the Concept of Missional Church and Missional Family in Ma Wan Kei Wai Church 以使命教會及使命家庭概念重整馬灣基慧堂小組	HO, CHAM LEUNG 何湛亮
A Theological Framework for Poverty Alleviation: An Application in Global Mindset Development for Students Living in Poverty	KWONG, WAI MAN RAYMOND 鄺偉文
Perspectives of City Church Leadership from a Study of Zhuzhou Churches 從株洲教會看城市教會的領袖	LONG, XING JIAO 龍省蛟
Christian Social Services Ministry and Urban Mission—A Case Study of Hangzhou Young Men Christian Association 社會服務事工與城市宣教——以杭州基督教青年會為例的個案研究	SUN, ZHANG DAO 孫彰道
From the Survey of the Sports Habits of Hong Kong Christians to Reflect the Hong Kong Recreation and Sports Ministry 從對香港基督徒運動習慣的調查看香港的康體事工	TSE, ON KI 謝安琪
Nurturing Marketplace Leaders in China—A Toolkit for Marketplace Members in Chongqing Church 建造中國職場領袖	WANG, XUE JIE PHOEBE 王雪潔
Social Mobility Shaping the Middle-Class Identity of the Urban Church in Hong Kong as Shown in the Growth of the Christian and Missionary Alliance Church Union of Hong Kong	WU, CHI WAI 胡志偉

	From "Swatow-church-oriented" to "Campus-evangelism-oriented" — A Missional Renewal 「以潮人教會為本位」到「以校園中學生福音為本位」的宣教更新	YEUNG, TAU HANG 楊有恒
2014	A New Bible Study System Entitled "Reveal 4Me" for Sunday School and Bible Study Groups: As a Transformative Learning Tool in Kowloon International Baptist Church	CHAN, KAN WING RYAN 陳鏡榮
	當代中國「營商宣教」個案研究：在二十一世紀中國內地城市中運作兩年以上的營商宣教項目，如何在財務上起動及維持其可持續性	YEUNG, WING HIN BOAZ 楊榮軒
2015	Coping with Stress: Pastors Wives in a Major City of China	CHENG, LAN FONG 鄭蘭芳
	The Practice of Servant Leadership for Christian Leaders in the Chief Executive Office in the Financial Services Sector in Hong Kong and Its Impact on Job Satisfaction for Their Direct Reports	WONG, SEE HONG 王仕雄
	有關丈夫的僕式領導特質與其婚姻美滿度的關係研究（以北京的基督徒夫婦為例）	WONG, SUNG WOO 黃崇護
2016	一對一的查經法——從路加福音的神蹟看耶穌如何在不同的處境中轉化個別貧窮人	CHOW, WING KUM 周詠琴
	澳門基督教文化傳播組織轉型：以澳門《時代月報》為研究個案	WONG, TAI WAI 王大為
2017	「你們要休息，要知道我是神」：寧波教會處境中牧者事奉狀態評估及其對策之研究	CHEN, ZHI HUA 陳志華
	困境兒童全人服務經驗敍述與啟示——以「泉源之家」為個案研究	LI, SHUK FAN 賴淑芬
	The Effectiveness of Blended Mode Bible Lessons in Evangelism 融合性聖經課程：傳福音的有效性	NG, YUEN LING 吳婉玲

	Peace Be with Hong Kong Pakistanis	SULTANA, TAHERA 林希娜
	基督徒職青工作價值觀之教會牧關淺探（以海口市基督徒大學生職青為對象）	ZHANG, BI XIA 張碧霞
2018	轉化型領袖與小組增長帶來的組長訓練啟示——以同福堂為個案研究	CHEUNG, SUI CHU 張少珠
	A Case Study in the Application of the Blessing Motif to an Urbaning County in South China	CHUNG, PO KIN 鍾寶健
	Divine Intervention and Explosive Church Growth: A Case Study of Revival at EFCC Tung Fook Church 1991～2009	HO, CHI DIK PETER 何志滌
	華人教會採用教練指導對信徒生命轉化的效果	LEE, SING KEUNG 李盛強
	Shared Leadership: A Model to Enhance Mission Continuity in China	LI, CHI FAI 李志輝
	Hong Kong's Millennials: Understanding the Move from Local to International Churches	SNELGROVE, JOHN
2019	Christian Views on the Mediating Role of Psychological Empowerment Between Transformational Leadership and Social Enterprise Performance in Hong Kong	LEE, HON KIT 李漢傑
	Adoption of Social Media for Ministry by the Church in Hong Kong	YU, CHUN TAT 余振達
	論神學院神學生的召命觀及其對學習和事奉的影響	ZHENG, LI QIN 鄭麗欽
2020	The Relationship Between Christian Principals' Transformational Leadership and Teacher Commitment in Selected Christian Kindergartens in Hong Kong	CHIU, PIK KI 趙碧琪

	Exploring Manifestations of Faith-Work Integration in the Banking, Finance Services, and Insurance Industry in Hong Kong	FUNG, TIK YAN CAROL 馮迪恩
	The Impact of Transformational Leadership and Creativity on Church Health	LEE, CHI KONG 李志剛
	Parachurch Partnerships for Poverty Alleviation: A Case Study of the Hong Kong Church Network for the Poor (HKCNP)'s Child Development Fund	MA, SAU KUEN SUSANNA 馬秀娟
	探討轉化本港第五代青年生命的關鍵因素：以社創校園（2014～2018）作個案研究	TSE, SZE HE 謝思熹
2021	「本地跨文化宣教」的實踐：以柴灣社區為個案，探討香港教會如何面對內地新來港人士的福音需要	KONG, WAI MING 江惠明
	The Impact of the Community Listening Initiative on Churches in Rebuilding Social Capital in Yau Ma Tei District	LAU, YUK TUNG THOMAS 劉旭東
	The Practice and Influence of Faith in the Work Context of Well-educated Christians in Hong Kong	LI, SOO FUNG 李素鳳
	探討教會由停滯到復興的轉化與關鍵——以香港宣道會作個案研究	YAU, SHUK YI VEON 游淑儀
2022	以欣賞式探詢探討理大教職員福音使命團的組織發展	CHAN, YUK LIN JUANNA 陳玉蓮
	Exploring Hong Kong Retired Golden-age Christians' Growth Experience, Growth Factors and Dimension of Holistic Growth	CHUNG, KIT YEE 鍾潔儀
	Early Childhood Education as a Strategy for Evangelism: The Case of the Mission Ministries Philippines, Incorporated	DOMINGO, CHONABELLE MADDUMA
	探索信仰在香港消防處職場中的實踐情況	LAM, KIN KWAN 林建軍

運用省察禱告與屬靈導引促進神學生的靈性知覺——以衛理神學院神學生為個案研究	LEE, AI SING 李愛心
從轉化式學習理論探究「個人與堂會」的轉化歷程：以旺角宣道堂為主要研究個案	LUI, YUE CHUN 呂宇俊
Contribution to Promotion of Shalom of the Urban Poor Through Visitation Initiative Adopting Holistic Mission Approach	WONG, KAI YAN 王啟恩
Reinventing Missional Space of the Church	WONG, WAI BUN BENJAMIN 王緯彬

致謝、感恩

陳敏斯教授
伯特利神學院
柏祺城市轉化中心總監

> **我們為你們眾人常常感謝神，禱告的時候提到你們，在我們的父神面前，不住地記念你們因信心所做的工作，因愛心所受的勞苦，因盼望我們主耶穌基督所存的堅忍。（帖前一 2～3，《和修》）**

十年的工作，當中不乏勞苦，而堅忍更不可缺，但此刻我們只有感恩，祂在我們疑惑困擾時注入了信，在我們困倦乏力時注入了愛，更在我們準備放棄時注入了希望。很感恩，柏祺中心在過去數年有很大的發展，特別在研究方面。還記得在 2018 年初跟呂慶雄博士帶領一班博士生到西北考察，在回程的西安機場上一起發研究的夢，深感到在香港很多值得研究的課題仍是空白一片，就算基本如「香港有多少基督徒？」，也沒有較有系統的研究。

我們每年都有不少博士生畢業，不乏值得研究的課題，但要跟實踐接軌，實需要更多的時間和功夫去整合。其實我們已為這方面的需要禱告多時，終於在西安機場發夢後不久，找到了適合的人選。中心的研究員許家欣小姐（Alison）在 2018 年中上任，就著不同的課題作出研究和統籌，幫助教會及信徒羣體了解現況以探索問題的根源，並在這基礎上作神學反省和適當的回應。

Alison 的第一個項目就是要有系統地找出「究竟香港有多少基督徒？」。透過綜合分析（meta-analysis），我們發現基督徒可能佔香港人口接近四分之一，[1] 對比於教新普查所指出，恆常返教會的信徒卻少於百分之五，顯示有大部分的信徒沒有穩定的教會生活，於是我們便展開了「留堂會、離堂會」的研究。接著我們對一些影響教會及整個信徒羣體的議題進行研究，包括在社會事件和疫情的影響下，教會如何作出適切的回應等。我們及後亦留意到香港教會近年的發展出現了很大的轉變，傳統的植堂模式似乎逐漸被一些新型態教會所取代，於是便在這方面作出研究，研究結果亦相當具啟發性。鑒於香港近年的轉變、移民潮的加劇，中心去年亦作出了「香港基督徒靈性狀況」的研究，試圖為現況把脈，盼能幫助教會作出適切的回應。

雖然我們仍在不斷探索中心的發展方向，但感謝神過去十年在中心每一步上的帶領，也賜下不少天使和同路人。特別要感謝的是呂慶雄博士，他可說是我們課程的靈魂人物，除了教授研究方法外，也替中心發展出不少有關領導學的課程，更重要的是在論文上，給予同學們不同程度的指導。另一位要感謝的就是許家欣小姐，沒有她在研究上的統籌和努力，中心的發展將不可能像今天那樣。雖然過去數年柏祺博士因健康和種種問題，不能像以往一樣跟我們一起去考察和參與教學，但他對城市的熱愛，仍然深深啟發著我們。

多謝祈禱小組的覆蓋和同行，沒有他們就沒有中心的誕生。多謝前伯神院長陸輝牧師，他將柏祺的課程帶到伯特利神學院，讓我們在伯神的大家庭裏茁壯成長。在此也多謝屈偉豪院長和董事會的支持，以及全體老師、同工的接納和包容。多謝中心顧問團的引導和委員會的投入和支持，特別是司徒永富博士和鄧達強牧師，自中心成立，他們便默默相伴我們整整十年。當然還要多謝中心歷任同工、一眾同路人及協作教會和機構。最後也希望多謝每一位同學和畢業生，他們對自己召命的委身，其家人、個人學習小組（Personal Learning Community）和各位督導的支持。雖然論文寫作的過程艱巨，但看見同學一個一個完成研究工作，不但自己經歷轉化，更帶動了他們的事工和界別的轉化，我們心裏只有歡呼「哈利路亞」，再辛苦也

「你們在主裏的勞苦不是徒然的。」(林前十五 58 下)

是「超值」的。

> **我深信，那在你們心裏動了美好工作的，到了耶穌基督的日子必完成這工作。(腓一 6，《和修》)**

最後，願以尼布爾(Reinhold Niebuhr)的話作結，他以下的話跟保羅的開場白很有點互相呼應、異曲同工之妙。

Nothing which is **true and beautiful or good** makes complete sense in any immediate context of history; therefore we must be saved by **FAITH**.

Nothing we do, however **virtuous**, can be accomplished alone; therefore we are saved by **LOVE**.

Nothing that is **worth doing** can be achieved in our lifetime; therefore we must be saved by **HOPE**.

註釋

1. 柏祺城市轉化中心，〈究竟香港有多少基督徒？〉〔網上文章〕；取自「柏祺城市轉化中心」網頁（https://www.bethelhk-rbc.org/research/究竟香港有多少基督徒？）；檢索於 2022 年 8 月 8 日。